Reinhard Porr

Markus Dillenburg

Die Autoren

Reinhard Porr ist Jahrgang 1955 und lebt seit 15 Jahren in Spanien. Es ist für ihn der zweite Teil eines von Anfang an erfolgreichen Auswandererdaseins, das 1990 begann. Als freier Journalist hat er entschlossen und zielstrebig seinen ganz persönlichen Traum wahr werden lassen - leben und arbeiten unter der Sonne Andalusiens.

Der Diplom-Kommunikationswirt Markus Dillenburg, geb. 1973, absolvierte sein Studium erfolgreich in Wiesbaden. Seit über 10 Jahren ist er beruflich selbständig. Schon früh entdeckte er die Faszination des Reisens. Viele Auslandsaufenthalte in verschiedenen Teilen der Welt haben ihn mehr und mehr für das Thema ´Ausland und Auswandern´ sensibilisiert. Eine Option Ausland ist inzwischen auch Teil seiner eigenen Lebensplanung geworden.

Die Autoren danken Kerstin Augustin und
Jens Wagner (JEWA-Beschriftungen) für die freundliche Unterstützung.

Reinhard Porr

Markus Dillenburg

Option Ausland

Das Handbuch

ERFOLGREICH

AUSWANDERN

wherever you want to go...

FSC
www.fsc.org
MIX
Papier aus verantwortungsvollen Quellen
Paper from responsible sources
FSC® C105338

1. Auflage 2014
Autoren: Reinhard Porr & Markus Dillenburg

Covergestaltung, Grafik, Layout: Markus Dillenburg
Agentur für Marketing und Kommunikation
Coverbilder: Reinhard Porr

Email: option-ausland@gmx.de

Bibliografische Information der Deutschen Nationalbibliothek:
Die Deutsche Nationalbibliothek verzeichnet diese Publikation in der Deutschen Nationalbibliografie; detaillierte bibliografische Daten sind im Internet über http://dnb.dnb.de abrufbar.

Herstellung und Verlag:
BoD – Books on Demand, Norderstedt

ISBN: 978-3-7322-9868-6

Inhalt

Vorwort

Es kommt ganz langsam - am Anfang - so ein unklares Gefühl im Bauch..... Nicht eben direktes Unbehagen - nein, nein..... Aber doch ganz anders als sonst - subtiler und irgendwie merkwürdig stark.......... Hoppla, was ist das, was da mit mir passiert..........? Und diese sich schleichend aber beständig ausbreitende innere Unruhe.......... Und woher diese mir bislang unbekannte, aber immer größer werdende gefühlte Distanz zu allem um mich herum, was mir bisher so vertraut war..........? Da gibt es den Job, die Familie, das Haus, die Nachbarn und überhaupt.......... Eigentlich ist doch soweit alles in Ordnung..........?! Also noch einmal: Was ist los? Sieht so etwa der Beginn der vielzitierten Midlife-Krise aus? Vielleicht ja - vielleicht nein..........

Auf der Suche nach Glück und Zufriedenheit erliegen die meisten Menschen der (weil bequemen) Versuchung, Hilfe von außen zu erwarten und werden dann viel zu oft enttäuscht. Wenn Sie aber zu denjenigen Menschen gehören wollen, die das eigene Leben vor allem ihren *eigenen* Gefühlen und ihrer *eigenen* inneren Stimme anvertrauen, dann wird Ihnen eines Tages - ganz plötzlich - bewusst, dass die Antwort nur in Ihnen selbst zu finden ist!

Es sind Ihre Träume, Ihre Wünsche und Ihre Hoffnungen, die der so schön durchregulierte Alltag schon fast begraben hatte - aber nur eben fast (!). Gerade noch rechtzeitig hat sich Ihre innere Stimme, Ihre natürliche Lebenslust tief drinnen „im Bauch" zurückgemeldet und Sie verstehen schlagartig, dass Sie ab jetzt „anders ticken" als die meisten Menschen um Sie herum. Erwarten Sie von daher von diesen Leuten keinerlei Verständnis oder gar Zuspruch, denn.......... Es ist passiert! Sie haben soeben damit angefangen, Ihr bisheriges Leben zu hinterfragen. Auf einmal ist Ihnen klar: ´Normalität´ - dieses Synonym für die Anpassung an eine gesellschaftliche Erwartungshaltung - war gestern.

Gratulation! Sie sind nicht mehr „normal“, denn Sie haben schon mit dem *Loslassen* begonnen! Ihr Bauchgefühl hat jetzt einen Namen! Aber wie sieht es mit dem *Losgehen* und dem Mut aus? Sind Sie auch bereit, nach den Lebensumständen zu suchen, die nur zu Ihnen passen und somit Ihre ganz persönliche Lebensqualität ausmachen?

Dieses Buch ist einerseits eine im Leben erfolgreich bewährte sowie direkt umsetzbare Anleitung, „Goodbye“ zu sagen zu der oftmals schon lange erfolgten Gewöhnung an die eigene innere Unzufriedenheit. Andererseits – und das ist der entscheidende praktische Wert dieses Buches – führt Sie ´Option Ausland´ Schritt für Schritt auf einen Weg, der Ihr Leben verändern wird, weil Sie scheinbare Grenzen nicht mehr akzeptieren und sie überwinden wollen!

Ein Satz von Perikles, einem Philosophen und Staatsmann der griechischen Antike, soll Sie dabei begleiten:

„Das Geheimnis des Glücks ist die Freiheit. Das Geheimnis der Freiheit aber ist der Mut.“

Einleitung

OPTION AUSLAND – Worüber reden wir?

Die Freiheitsstatue auf Liberty Island vor den Toren New Yorks war lange Zeit *das* Synonym für den Beginn eines neuen Lebens. Es waren Wünsche, Träume und Sehnsüchte, die die Auswanderer antrieben und so unterschiedlich deren Beweggründe auch damals schon waren – so verschieden sind sie auch heute. Eines aber haben sie alle gemeinsam: Das Streben nach Glück und die Hoffnung auf eine bessere Zukunft!

Das Auswandern als wirkliche Alternative zum bisherigen Leben wird als gesellschaftliches Thema noch immer vielfach missverstanden und zuweilen auch als „Flucht" oder „Versagen" völlig falsch interpretiert. Jedoch, in der Realität des Lebens ist das Auswandern – egal, ob früher von Europa nach Amerika oder heute in alle Welt – vor allem aber immer eines geblieben: eine ganz persönliche Lebensphilosophie im Sinne eines fortschrittlichen, zukunftsorientierten Denkens und somit eine echte Herausforderung für besonders willensstarke Menschen! In dem Streben nach persönlichem Glück und Zufriedenheit – was auch immer der Einzelne für sich selbst damit verbinden mag – erkennen sie zuallererst die Chancen und Möglichkeiten (!), die ihnen das Ausland bieten kann.

Mehr denn je steht der Begriff ´modernes Denken´ in unserer globalisierten Welt auch für den Anspruch des Einzelnen auf seine ganz individuell zu ihm passenden Lebensumstände, auf ein rundum angenehmes Lebensgefühl mit Freude, Leidenschaft, Perspektiven und Zielen.

In der Realität des Lebens dominiert allerdings oftmals genau das Gegenteil! Chancen, das eigene Leben nach seinen eigenen Vorstellungen zu gestalten, sind in einem System, dass die (vage) Aussicht auf eine ferne Rente als oberstes Ziel kultiviert hat, nicht vorgesehen. Wieviel Zeit bleibt einem denn dann noch, um glücklich zu sein und vor allem unter welchen Umständen? Schleichende Altersarmut und regelmäßige Arztbesuche.......... sieht so etwa „das ganz persönliche Glück ab Mitte 60“ aus? Und dann.....?

Was ist denn mit Lebenslust, Lifestyle und Selbstverwirklichung ***jetzt*** im Hier und Heute?

Das Streben nach Glück ist keine Modeerscheinung, sondern vielmehr ein elementares Grundbedürfnis des Menschen. Was also hält uns davon ab, zufrieden und glücklich zu sein? Die „Dämonen“ heißen Ungewissheit, Unsicherheit, Zweifel an uns selbst und Angst - allesamt „Geschenke“ unserer sogenannten Wertegesellschaft. So wurden wir „gepolt“ - das ist nicht neu!

NEU aber ist am Beginn des 21. Jahrhunderts, dass uns *nur noch die eigenen (scheinbaren) Grenzen im Kopf* daran hindern, unsere Träume auch zu leben! Es gibt *nur einen einzigen Weg* zu verhindern, in 10 oder 20 oder 30 Jahren mit kraftlosem Bedauern auf die Frage antworten und sich selbst den Vorwurf machen zu müssen „.......... Warum hatte ich nie den Mut?........ Warum habe ich es nicht getan.........?“

Sie selbst müssen jetzt den Mut aufbringen und die Entscheidung treffen! Ist das geschafft, müssen Sie auch losgehen! Aber in welche Richtung und auf welchem Weg? Sie tragen in sich ein mehr oder weniger scharfes Bild Ihrer innersten Wünsche und Träume, ein noch unvollendetes Puzzle. Damit sich dieses Puzzle step-by-step zu einem Gesamtbild Ihres neuen Lebens zusammenfügen kann, betrachtet unsere ´Option Ausland´ das Thema ´Leben im Ausland´ auf eine besondere Art und Weise, die sich grundsätzlich von sonstigen naiven und windigen Auswandererstories unterscheidet.

In unserem professionell konzipierten Buch beschreiben wir detailliert eine intelligente und systematische Vorgehensweise für ein erfolgreiches Auslandsvorhaben. Es beinhaltet zugleich all jene Themen und Fragen, die für eine zukünftige Lebensplanung im Ausland unverzichtbar sind.

- Was wird passieren, wenn ich Gewohntes und mir Vertrautes loslasse?

- Wovon gehe ich weg – wovon trenne ich mich?

- Wann ist der richtige Zeitpunkt für diese Veränderung in meinem Leben?

- Was könnte ich verlieren oder kann ich eigentlich nur gewinnen?

- Was kann mir eine Zukunft im Ausland bringen?

Diese Fragen und viele andere mehr beantwortet unser Buch. Es beginnt mit einer ehrlichen Selbstanalyse in Kapitel 1, bei der Sie erfahren, wie Sie auch ohne psychoanalytische Vorkenntnisse ein zutreffendes Persönlichkeitsbild Ihrer selbst erstellen können. Um einen klaren Blick für Ihre momentanen Lebensumstände zu bekommen, werden Sie in Kapitel 2 dazu aufgefordert, Ihre derzeitige Ausgangssituation unter die Lupe zu nehmen. In Kapitel 3 finden Sie wichtige Hinweise und Denkanregungen zu den Lebensbereichen Beruf, Partnerschaft und Freizeit, die von Ihnen ganz nach Ihren eigenen Wünschen und Vorstellungen gestaltet werden können. Im Anschluss daran sprechen wir über wichtige äußere Aspekte. Das wird Ihnen dabei helfen, Ihren ganz persönlichen „Wünsche-Ziele-Mix“ zusammenstellen zu können. Danach geht es folgerichtig in Kapitel 4 um die organisatorische Vorbereitung und praktische Umsetzung Ihres Auslandsvorhabens bis hin zur Ankunft. Kapitel 5 wird Ihnen am Ende dann interessante Tipps und Anregungen zum „Ankommen“ in Ihrem neuen Lebensumfeld mit auf den Weg geben.

„Der eine wartet, dass die Zeit sich wandelt, der andere packt Sie kräftig an und handelt.“
(Dante Alighieri, 1265-1321, ital. Dichter und Philosoph)

KAPITEL 1 SELBSTANALYSE – Wer bin ich?

Sich den individuellen Persönlichkeitsmerkmalen bewusst zu sein, ist eine unverzichtbare Voraussetzung dafür, eigene Potenziale zu erkennen, um sie dann für die Neugestaltung und Optimierung der eigenen Lebenssituation zu nutzen. Die nun folgende Selbstanalyse wird Ihnen auf leicht verständliche Weise dabei helfen.

- Warum das Alter eine Rolle spielt!
- Meine Gesundheit - wie fit bin ich tatsächlich?
- Bin ich Typ emotional oder rational?
- Bin ich introvertiert oder extrovertiert?
- Wie verhalte ich mich in Stress-

  bzw. Konfliktsituationen?
- Was macht mir wirklich Angst?
- Was wirkt negativ auf mich - wann bin ich down?
- Wie gehe ich mit Veränderungen um?
- Kann ich loslassen?
- Dazulernen und sich anpassen –

  will und kann ich das?
- Was motiviert mich?

- Was gibt mir Lebensfreude - was macht mir Spaß?
- Meine Stärken!
- Welche wertvollen Ziele habe ich wirklich?
- Welche Qualifikationen habe ich?
- Warum es Sinn macht, die eigenen Interessen und Überzeugungen klar zu definieren!

Warum das Alter eine Rolle spielt!

Unsere Zeit ist begrenzt! Wir erleben sie in Phasen mit ganz unterschiedlichen physischen, psychischen sowie auch ökonomischen Voraussetzungen. Wir alle erfahren eine Lebenszeit ohne wesentliche geistige und körperliche Einschränkungen. Und dann, 10 oder 20 oder vielleicht erst 30 Jahre später entstehen Grenzen - biologische zumeist - die wir nicht mehr verändern können. Deshalb liegt die Relevanz des Alters in unserer verbleibenden Zeit, in der wir auch noch in der Lage dazu sind, unsere Wünsche und Träume zu leben! Welche Möglichkeiten und Voraussetzungen habe ich heute? Welche Herausforderungen kann ich unter den gegebenen Umständen annehmen und womit kann ich es noch locker aufnehmen? Und wie könnte das in der Zukunft aussehen? Was ist dann eigentlich noch machbar?

Die ´Option Ausland´ betrifft naturgemäß vor allem die sogenannten „Best Ager" - Menschen in der Altersgruppe so Ende 20 bis Mitte 50, die über ausreichend Energie, vielseitige Qualifikationen, jede Menge Erfahrungen und soziale Kompetenzen verfügen. Erst an zweiter Stelle sind es die Senioren. Und bei denen starten wir mal mit Überlegungen zum Thema Alter.

Eigentlich können Pensionäre ein solches Vorhaben ganz entspannt angehen. Je nach dem, wie groß (oder klein) der Abstand zwischen dem tatsächlichen Lebensalter einerseits und dem biologischen Alter andererseits ausfällt, sind die ihnen verbleibenden Jahre in den allermeisten Fällen eine Zeit des Genießens, der Pflege von Hobbys und Vorlieben und der Geselligkeit. Betrachtungen zum Alter beschränken sich bei dieser Altersgruppe der über 60 - und 70- Jährigen aber nicht nur auf die wohltuende Wirkung angenehmer klimatischer Verhältnisse, sondern sie beinhalten immer auch Fragen nach einer altersgerechten Infrastruktur. Wo ist der nächste Arzt, die Apotheke, das Hospital? Wie weit ist es zum Supermarkt, zum Friseur, zur Bank? Wer sind meine

Nachbarn und kann ich mich ggf. um Hilfe an sie wenden? Gibt es Gesprächspartner im unmittelbaren Umfeld oder in der Nähe?

Und dann gibt es durchaus auch noch einen finanziell recht überzeugenden Grund, im fortgeschrittenen Alter an das Auswandern zu denken, denn in manchen Ländern ist die Rente oder das Ersparte erheblich mehr wert als daheim. Aber auch die „grauen Wölfe“, die mit ihrer Rente ganz gut auskommen, zieht es immer öfter in fremde Länder, weil sie diesen letzten Lebensabschnitt aktiv genießen und noch einmal etwas Neues erleben wollen.

OK - wir machen hier mal einen Schnitt und wenden uns wieder der Altersgruppe zu, die die Mehrheit der Auswanderer ausmacht.

Einen großen Vorteil haben natürlich diejenigen so zwischen 20 und 30. Mal abgesehen von ihrer physischen Jugend stehen ihnen im Ausland viele Möglichkeiten offen, sich selbst beruflich und privat zu verwirklichen. In dieser Lebensphase ist ein Studium genauso denkbar wie eben auch ein Neustart im erlernten Beruf oder gar ein Umsteigen in ganz neue Tätigkeiten. Anders als jenseits der 50 hat diese Altergruppe noch genug Zeit, eigene Ideen auszuprobieren oder eben auch verschiedene Regionen / Länder zu testen! Auch all jene, die eine Familie im Ausland gründen wollen, bringen in diesem Abschnitt ihres Lebens die besten Voraussetzungen dafür mit.

Dann aber - ab Ende 40 - ändert sich das Bild. In fast allen entwickelten Regionen dieser Welt ist es jenseits der 50 sehr schwierig, eine Anstellung zu finden. Da hat es derjenige schon besser, der quasi im Unternehmen bleiben kann, weil es möglicherweise auch in seinem „Traumland“ Filialen unterhält. Oder auch ein gesuchter Spezialist, der obendrein noch sehr gute Sprachkenntnisse vorweise kann. Und klar doch - wohl dem, der in diesem Alter „seine Schäfchen im Trockenen“ hat. In der Regel allerdings bedeutet das

Geldverdienen im Ausland für diese Altersgruppe selbstständige Erwerbstätigkeit! Aber hier liegen ja gerade auch *die* Chancen auf Selbstverwirklichung und Erfüllung ihrer Träume.

„Es gibt immer genug Zeit, aber weniger als gestern."
(aus Griechenland)

Meine Gesundheit – wie fit bin ich tatsächlich?

Wer mit der Option Ausland „schwanger geht“ sollte schon darauf vorbereitet sein, sich vielfältigen neuen Anforderungen mit sehr unterschiedlichen Inhalten zu stellen. Seien Sie sich im Klaren darüber, dass dieses Vorhaben sowohl ihre Nerven als auch Ihre körperliche Verfassung recht stark in Anspruch nehmen kann. Die Umstellung Ihres gewohnten Lebensrhythmus auf eine neue Umgebung geht mit dem Abarbeiten vielfältiger Schritte und Maßnahmen einher, die in mehreren Phasen ein ständiges paralleles Denken und Handeln auf verschiedenen Ebenen notwendig machen.

Phase 1 *ist die Zeit der Vorbereitung* – also vom ersten Gedanken an das Weggehen bis hin zur Ankunft am neuen Standort. Sie kann einige Monate oder auch Jahre dauern – genug Zeit allemal für ein angemessenes körperliches und geistiges Fitness-Programm. Den Anfang macht mit Blick auf Ihre physische Gesundheit eine gründliche hausärztliche Untersuchung. Davon ausgehend sollten Sie diese Phase dann unbedingt dafür nutzen, latente Gesundheitsprobleme in den Griff zu bekommen. Dazu zählen z.B. das Therapieren aufkommender Krankheitssymptome, notwendige operative Eingriffe, der Zahnarzt oder auch die neue Brille etc.. Und nicht zu vergessen: nach wie vor gilt die altbekannte Wunderformel „Bewegung plus frisches Obst“! Kurz vor der Abreise dann noch einmal ein ärztlicher Bodycheck, der Ihnen zu diesem Zeitpunkt im Ganzen bestätigen sollte, dass Sie Ihrem Lebensalter gemäß fit sind.

Der zweite - noch weitaus wichtigere - Gesundheitsaspekt ist die mentale Fitness und Belastbarkeit! Obwohl die Phase der Vorbereitung die Zeit ist, sich gedanklich voll auf dieses große Vorhaben ´Ausland´ einzustimmen, erfordern auch die nachfolgenden Phasen ein gut funktionierendes Nervenkostüm.

Dabei ist die physische Belastbarkeit eine Eigenschaft, die man trainieren kann. Also - wie stark sind Ihre Nerven? Sind Sie die Ruhe selbst oder bekommen Sie schon bei einer normalen Verkehrskontrolle feuchte Hände? Wie kann man Sie verunsichern - leicht, schwer oder gar nicht? Und auf wen oder was hören Sie für gewöhnlich? Versuchen Sie, ein Gefühl für Ihre „innere Stimme" zu entwickeln und - falls Sie es bisher noch nicht probiert haben sollten - folgen Sie ihr *bewusst*, d.h. mit Absicht! Der wahrscheinlich beste Weg dafür ist, in sich selbst „hinein zu schauen", sich kurz an frühere ähnliche Situationen mit der Erkenntnis zu erinnern, auch sie gemeistert zu haben! Das macht Sie stärker und Sie fühlen sich selbstsicherer als vorher, was wiederum Lebensenergien mobilisiert, die bis dahin verborgen und ungenutzt waren. Für ein starkes Nervenkostüm ist das Einüben einfacher Yoga-Einheiten sehr zu empfehlen (Stichwort: autogenes Training).

Phase 2 *ist die Zeit des Übergangs* - also vom ersten Tag der Ankunft im Ausland bis hin zur Akklimatisierung im weitesten Sinne. Möglicherweise stellen hier andere klimatischen Verhältnisse neue Anforderungen an Ihr allgemeines körperliches Wohlbefinden. Überhaupt kann es beim Vorhandensein bereits chronischer Beschwerden durchaus sinnvoll sein, sich darüber zu informieren, in welchen Regionen / Ländern dieser Welt der eigene Gesundheitszustand aufgrund klimatischer Bedingungen eine deutliche Besserung erfahren könnte.

Psychisch bleibt die bereits in der Vorbereitungsphase aufgebaute (mehr oder weniger) permanente Stresssituation auch in der jetzigen Übergangsphase erhalten, auch wenn viele Aufgaben bereits erledigt sind und als Belastung somit wegfallen. Um möglichst schnell einen neuen Alltag zu finden, müssen jetzt viele grundlegende Dinge völlig neu und gleichzeitig organisiert werden (Stichwort: Multitasking). Dazu kommt in den meisten Fällen - natürlich auch permanent - ein Leben in gleichzeitig zwei oder mehreren „Sprachwelten". Das alles gelingt Ihnen umso besser, je mehr Sie sich auf das neue Leben freuen! Merken sie sich einfach: Je glücklicher Sie sind mit dem was Sie tun, umso leichter werden Sie es empfinden!

Phase 3

Sie sind angekommen. Sie haben alle erdenklichen Anfangshürden erfolgreich hinter sich gebracht und fahren den seit langem schon anhaltenden Belastungspegel auf ein ganz normales Routineniveau zurück. Das ist eigentlich der gesündeste Teil in diesem Prozess. Sie haben alles richtig gemacht und fangen an, Ihr neues Leben zu genießen, Ihre neue Freiheit, beruflich und privat. Und dieses Glücksgefühl ist die allerbeste Medizin, die ein Mensch für seine körperliche und geistige Fitness bekommen kann!

Bin ich Typ emotional oder rational?

Nun – um es gleich vorweg zu nehmen: Ein „entweder - oder“ beantwortet diese wichtige Frage niemals. Wir alle haben einen Mix aus Gefühl und Verstand in unseren Genen. Die Frage ist nur: Was überwiegt? „Dein Gesicht spricht Bände“ - schon mal gehört? Klar doch, denn unser Körper lügt nicht und wenn dann so manch einer anfängt „mit Händen und Füßen“ zu reden, dann könnte er sich notfalls sogar im Ausland verständlich machen, ohne die Sprache zu beherrschen.

Es geht hier zunächst erst einmal in aller Kürze darum, die eigenen Gefühle zu erkennen. Wer sich selbst gut wahrnehmen kann, erkennt ein Gefühl schon während es „ankommt“. Man kann das aber auch trainieren, indem man „auf Distanz zu sich selbst“ geht und die eigenen Gefühle beobachtet. Das ist wichtig, denn wer die eigenen Emotionen nicht versteht, kann auch seine eigene Stimmung nicht selbst beeinflussen und ist ihr somit völlig ausgeliefert.

Sie aber sind gerade dabei, für Ihr weiteres Leben grundlegende Entscheidungen vorzubereiten und dann auch zu treffen! Wie aber treffen Sie die vor Ihnen liegenden vielfältigen Entscheidungen zum Thema Ausland? Emotional geprägte Menschen treffen ihre Entscheidungen zumeist aufgrund ihrer Gefühle. Für sie ist bestimmend, was sie als richtig oder falsch empfinden bzw. was sympathisch und nett „rüberkommt“ oder nicht. Sie sind in der Regel sehr kommunikativ und suchen die Nähe anderer Menschen. Dieses Auftreten als „everybodys darling“ verbreitet fast schon automatisch eine lockere, nette Atmosphäre. Dabei ist ein gesundes Maß an Selbststeuerung - eben die Fähigkeit, die eigene Stimmung zu kontrollieren - gerade auch für den erfolgreichen „Gefühlsmenschen“ unverzichtbar! Mit dieser ausgeprägten sozialen Kompetenz verfügen vorwiegend „emotional gesteuerte“ Personen durchaus auch über eine gute Teamfähigkeit sowohl im Beruf als auch in ihrer privaten Beziehung. Das hilft ihnen gerade in den ersten Tagen und Wochen im Ausland, schnell persönliche Kontakte zu den wichtigsten Bezugspersonen im beruflichen Umfeld, im öffentlichen Leben sowie privat herstellen zu können.

Auch die wesentlich „rational gepolten“ Menschen verfügen über ganz entscheidende positive Eigenschaften. Sie treffen ihre Entscheidungen hauptsächlich auf der Grundlage von Fakten, eben danach, was am meisten Sinn macht. Sie sind eher überlegt, denken analytisch und lassen sich von logischer Argumentation überzeugen. Ihr rationales Einfühlungsvermögen fühlt sich scheinbar etwas kühler an. Aber gerade auch sie nutzen diese Fähigkeit, sich in den Verstand und die Gefühle anderer hineinzuversetzen, um das eigene Handeln in der jeweiligen Situation zu optimieren. Auch wenn es mal „eng“ wird, bewahren sie in der Regel einen kühlen Kopf. Rationale Menschen sind in der Lage, Informationen nach deren logischen Inhalt zu bewerten und nicht nur aufgrund von Gefühlen. Sie schätzen Vernunft, können aber auch mit zwischenmenschlichen Stimmungsschwankungen umgehen und sie lassen sich auch von Stories bzw. Gerüchten nicht wirklich beeinflussen. Für sie ist in erster Linie wichtig, ob eine Sache wirklich funktioniert - und das Ganze bitte logisch aufgebaut und Schritt für Schritt geplant! Ganz in diesem Sinne ist das hier vor Ihnen liegende Buch so angelegt, dass die ´Option Ausland´ für SIE „funktioniert“, eben Ihre eigene Erfolgsgeschichte wird.

Wirklich optimal für den gesamten Prozess des geordneten Abkoppelns vom bisherigen Lebensalltag bin hin zum erfolgreichen „Ankommen im neuen Leben“ ist also ein positiver Mix aus Herz und Verstand (Stichwort: emotionale Intelligenz)! Diese Kombination aus Herz und Verstand steht - alles in allem - auf zwei wichtigen Säulen: einerseits auf *Selbstbewusstheit* (die Fähigkeit zur realistischen Einschätzung der eigenen Persönlichkeit) sowie andererseits auf *Eigenmotivation* (die Fähigkeit, immer und immer wieder „aufzustehen“, d.h. eine hohe Leistungsbereitschaft und Begeisterung für die Sache *von sich aus* entwickeln zu können)! Und nun schauen Sie mal „in sich selbst“ hinein......

Bin ich introvertiert oder extrovertiert?

Auch hier gilt, dass beides von Geburt an in uns steckt, wenn auch in einem ungleichen Verhältnis. Die Neigung, eher introvertiert oder extrovertiert zu sein, sagt zunächst nichts über die Leistungsfähigkeit oder Belastbarkeit einer Person aus. Beide Richtungen bergen eine Menge wertvoller Eigenschaften und Energie für ein selbstbestimmtes Leben. Den Unterschied macht die Frage: Woraus schöpfen Sie Ihre Energie und wie setzen Sie sie ein?

INTROVERTIERTE Menschen schöpfen ihre Kraft vor allem aus sich selbst und aus einem permanenten „in-sich-hinein-hören". Um „aufzutanken" sind sie hervorragend in der Lage, die Außenwelt weitgehend auszublenden, um bewusst zu entspannen und loszulassen. Mit anderen Worten: Bewusstes Alleinsein ist – wann immer es notwendig wird – eine wichtige Energiequelle für introvertierte Menschen. Werden sie dann aktiv (oftmals auch als Ein-Mann-Team), glänzen sie mit einer hervorragenden Beobachtungsgabe und konzentriertem, durchdachtem Handeln.

„No bullshit please" ist ihr Motto. Oberflächlicher small-talk ist für sie reine Zeitverschwendung und passt so gar nicht in die Intensität, mit der sie den Augenblick leben bzw. genießen. Vorwiegend introvertiert lebende Menschen analysieren permanent ihre Umgebung und ihr sehr gut entwickeltes Einfühlungsvermögen erfasst schnell den Charakter der jeweiligen Kontaktperson. Wenn es dann soweit (durchdacht) ist, machen sie Ernst mit dem, was sie vorhaben! Alles in allem, eine Menge wichtiger Voraussetzungen, um das mit der ´Option Ausland´ anvisierte Ziel systematisch – also ohne Energie raubende Such- und Sonderaktionen – anzusteuern. Dabei beherrschen Introvertierte vieles ebenso gut (nur eben überwiegend kopfgesteuert), worin Extrovertierte quasi Naturtalente sind.

EXTROVERTIERTE Menschen beziehen ihre Energie vor allem aus ihrem interaktiven Handeln mit der sie umgebenden Außenwelt. Vor allem ihre Fähigkeit, spontan und unkompliziert Kontakte bzw. Beziehungen zu anderen Personen herstellen zu können, zeigt ihre sehr gut ausgeprägte soziale Kompetenz. Meist sind sie dabei recht entspannt und gesellig und viel eher bereit, das eine oder andere zu probieren, ohne vorher allzu viel darüber nachzudenken. Diese überwiegende (oft recht selbstbewusst daher kommende) learning-by-doing-Mentalität sollte jeder auf seine „Reise“ ins Ausland mitnehmen. Als besonders notwendig und vorteilhaft wird sich dieser Charakterzug aber gerade immer dort erweisen, wo es nur wenige oder unzureichende Strukturen im öffentlichen Leben gibt. In solchen Ländern / Regionen sind oftmals Improvisation und „gutes Wetter“ im Umgang mit den „lokalen Häuptlingen“ das beste Erfolgsrezept.

Fazit: Wir Menschen sind sowohl introvertiert als auch extrovertiert - nur eben, wer es für sich erkannt hat, kann es auch gezielt einsetzen!

Wie verhalte ich mich in Stress- bzw. Konfliktsituationen?

„Es kommt nicht darauf an, mit dem Kopf durch die Wand zu rennen, sondern mit den Augen die Tür zu finden."
(Werner von Siemens, 1816-1892,
Begründer der Elektrotechnik u. Industrieller)

Sagen wir´s mal so: Auch bei gewissenhafter Betrachtung der hier vor Ihnen liegenden, logisch und systematisch aufgebauten Handlungsanleitung kann es bei der Verwirklichung Ihres ganz persönlichen Auslandsvorhabens zu Ereignissen bzw. Situationen kommen, die so speziell nicht „durchgespielt" werden konnten. Weglaufen hilft nicht - also muss eine schnelle Lösung her in einem neuen, noch mehr oder weniger fremden Umfeld.

Regel Nr. 1: *Denken Sie grundsätzlich positiv* ! Stress- und Konfliktsituationen sind Teil unseres Lebens. Sie entstehen entweder in einem Moment als unvorhergesehenes Ereignis oder sie können auch im zwischenmenschlichen Umgang zu einer Aufgabe werden, die von allen Beteiligten eine Lösung verlangt. Im Kern geht es darum, dass Sie die jeweilige Situation als Chance erkennen und Ihre neue Umgebung mit Fingerspitzengefühl und diplomatischem Geschick beeindrucken und überzeugen. Vertrauen schaffen in Ihre Persönlichkeit heißt die Aufgabe! Mit anderen Worten: Wenn dem Gegenüber klar ist, dass Sie die Spielregeln kennen und man sich auf Sie verlassen kann, haben Sie gewonnen - und zwar nachhaltig!

Regel Nr. 2: *Bleiben Sie ruhig* ! Behalten Sie immer Ihre Selbstachtung / Selbstbeherrschung. Egal, ob sie auf Religion basiert oder auf kulturellen Bräuchen und Traditionen - in vielen Ländern / Regionen dieser Welt sind Rollenverteilungen (vor allem im Verhältnis zwischen Mann und Frau) und Rangordnungen jeglicher Art im öffentlichen Leben und privat noch viel stärker im täglichen Leben ausgeprägt, als wir es normalerweise aus der Entfernung wahrnehmen können. Während im „westlichen" Gesellschafts- und Wertesystem moralische Ansprüche quasi nicht mehr zeitgemäß sind, werden an vielen Orten dieser Welt die „Götter" *Ehre* und *Respekt* noch völlig selbstverständlich eingefordert, ganz egal, ob ein echter Vierdienst bzw. eine reale Leistung dahinter stehen oder nicht. Denken Sie immer auch daran, denn das bringt uns zu.....

Regel Nr. 3: *Streben Sie prinzipiell eine „win-win" Situation an* ! Das bedeutet, Sie suchen auf jeden Fall einen *kooperativen* Verhandlungsstil mit dem jeweiligen Gegenüber und finden eine Lösung, die die Belange aller Beteiligten in einem ausreichenden (also akzeptablen) Maße berücksichtigt. Wichtig: Die andere Seite darf ihr Gesicht nicht verlieren! Soll heißen: Lassen Sie dem anderen das Gefühl einer (scheinbaren) Überlegenheit und sparen Sie sich absolut jeden Versuch, jemanden mit erhobenem Zeigefinger belehren zu wollen. Im Ausland sind Sie „der Neue"!

Was macht mir wirklich Angst?

Die Überschrift könnte auf den ersten Blick zu einem Missverständnis führen - also räumen wir das gleich am Anfang aus: Wir sprechen hier nicht von medizinisch relevanter Angst (Phobien, etc.), sondern vielmehr von Ängsten und Bedenken hinsichtlich der Konsequenzen und / oder Auswirkungen unserer Entscheidungen.

Ganz allgemein hat Angst eine wichtige Funktion als ein die Sinne schärfender Mechanismus, der uns vor tatsächlichen oder auch nur vor vermeintlichen Gefahren schützen soll. Die „Alarmanlage“ Angst ist sehr empfindlich eingestellt, was mitunter auch zu „Fehlalarmen“ führen kann. In der Regel wird Angst als eine Bedrohung empfunden und kann u.a. tiefgehende Blockaden auslösen.

Ist das der richtige Partner für mich, der interessanteste Beruf, die passende Firma, die profitabelste Investition, die günstigste Anschaffung, der richtige Ort oder der beste Zeitpunkt etc. .....? Natürlich wollen wir alle am liebsten schon lange im voraus eine Bestätigung für die 100%ige Richtigkeit unserer Entscheidungen. Eben nur, die sichere Vorhersage der Zukunft bis ins letzte Detail war, ist und bleibt Wunschdenken. Der nicht völlig vorhersehbare Ausgang ist den meisten von uns zumindest unangenehm und führt bei nicht wenigen Menschen bis hin zur Handlungsunfähigkeit.

Viele neigen im Grunde also dazu, lieber an Bestehendem und Bekanntem festzuhalten, anstatt Veränderungen oder Unbekanntes zuzulassen. Und gerade eine ´Option Ausland´ ist ja vollgepackt damit. „Wenn ich nur wüsste.....“ - 1000mal hat ein jeder von uns diese Gedanken gehabt. Aber es hilft kein Kartenlegen und kein noch so tiefer Blick in die Glaskugel: Für unsere Entscheidungen und deren Auswirkungen gibt es nun mal keine Garantieurkunde!

Alles was wir nicht kennen kann uns Angst machen - das Neue eben - also auch das Ausland. Aber drehen wir den Spieß doch mal um und setzen uns mit diesen sogenannten Ängsten auseinander. *Sich ihnen zu stellen, sie zu verstehen und zu lernen mit ihnen umzugehen, führt unmittelbar und nachhaltig zu neuem Selbstvertrauen und Selbstsicherheit - also zu einem Mehr an Selbstbewusstsein.* Das und ein gesunder Optimismus sind wichtige Voraussetzungen für Ihren Erfolg im Ausland!

Hinweis: Nutzen Sie vor wichtigen Entscheidungen die „Szenario-Technik", indem Sie gedanklich „best-case" und „worst-case" - Szenarien durchspielen. Das bedeutet, dass Sie die möglichen Auswirkungen einer Entscheidung *bis zum Ende* durchdenken. Sie werden überrascht sein, wie schnell dabei der vermeintlich schlimmste Fall (worst-case) seine Bedrohlichkeit verliert!

Und denken Sie immer auch daran: Wer alle Risiken ausschalten will, zerstört auch alle Chancen!

Was wirkt negativ auf mich – wann bin ich down?

´Option Ausland´ – und diese Frage? Bringen wir es gleich auf den Punkt: Wenn einer die Koffer packen und sein bisheriges Leben an den Nagel hängen will, dann hat er sich im Grunde genommen schon dazu entschlossen, sich „zu befreien“, ganz gleich, ob er es für sich bewusst so empfindet oder nicht. Der Entschluss, seinen Lebensentwurf zu renovieren, ist aber schon der zweite Schritt.

Der erste Schritt ist das Erkennen des Negativen unter den derzeitigen eigenen Lebensumständen. Um welche negativen Erscheinungen und deren Auswirkungen es sich dabei handelt, ist natürlich von Person zu Person ganz unterschiedlich.

Und jetzt ganz langsam lesen:

Entscheidend sind *die eigenen* Wahrnehmungen und Empfindungen und nicht die der Anderen bzw. deren Sichtweise! Es können viele kleine Dinge sein oder es reicht manchmal auch schon ein einziger Grund, um Sie förmlich auszulaugen. Es nimmt Ihnen Ihre innere Freude und entzieht Ihnen einen Großteil Ihrer positiven Lebensenergie, sodass Sie sich immer öfter einfach down fühlen. Wir stehen diesen „Energieräubern“ scheinbar hilflos gegenüber oder fühlen uns ihnen oft einfach ausgeliefert. Sie zu ignorieren oder sich ihnen zu entziehen, ist beinahe unmöglich. Und dann ist sie irgendwann einmal da, die Demotivation, die Unlust – einfach die komplette Antriebslosigkeit.

Negativ wirkende Einflüsse und deren Ursprung zu erkennen, spielt eine zentrale Rolle bei der erfolgreichen Korrektur Ihres zukünftigen Lebensentwurfs im Ausland. Wenn jemand also unter eingefahrenen (festgefahrenen) Abläufen, Umständen, Bindungen, Strukturen etc., in seinem Lebensalltag leidet – negative Energie also das Leben zu lähmen beginnt –, ist es das Beste, etwas *grundlegend* zu ändern. Und genau hier beginnt die Herausforderung wenn es darum geht, dass sich bisherige Negativfaktoren nicht wiederholen sollen oder soweit auf ein Minimum reduziert sind, sodass man sie eigentlich gar nicht mehr als negativ wahrnimmt.

Wie gehe ich mit Veränderungen um?

„Der Veränderung die Tür zu schließen, hieße, das Leben selber auszusperren."
(Walter Whitman; 1819-1892; amerik. Lyriker)

Vorausgesetzt Sie stimmen diesem Aphorismus zu, dann sollte Ihnen die Entscheidung, die das nachstehende chinesische Sprichwort abverlangt, eigentlich leicht fallen: „Wenn der Wind des Wandels weht, bauen die einen Mauern und die anderen Windmühlen."

Ok – Sie haben sich für „Windmühlen" entschieden, weil es erst einmal grundsätzlich sinnvoll ist, Veränderungen zuzulassen und sie anzunehmen! Ob wir es nun so wollen oder auch nicht: Veränderungen – und zwar ganz gleich ob positive oder negative – prägen den gesamten Ablauf unseres Lebens. Besonders wertvoll werden Veränderungen für uns Menschen aber erst dann, wenn sie im Einklang mit Herz und Verstand stehen und uns glücklicher machen sowie innere Zufriedenheit schenken. Das ist der Idealfall, eine bewusst herbeigeführte positive Veränderung. Sie haben selbst gehandelt und Sie sind selbst wirksam geworden. Sie haben etwas ins Positive gewandelt und Sie fühlen sich plötzlich so richtig toll. Mehr noch – das Gefühl, alte Denkweisen erfolgreich überwunden und eine bis dahin noch nicht dagewesene Aufgabe erfolgreich gelöst zu haben, führt zu einer tiefen inneren Zufriedenheit. Die Wissenschaft nennt dieses so wichtige wunderbare Gefühl auch *Selbstwirksamkeitserleben*. Ja – kramen Sie ruhig mal gedanklich in Ihrer Vergangenheit und erinnern Sie sich an solche Momente und an die Emotionen, die Sie dabei begleiteten.

Beim Umgang mit Veränderungen entscheidet schon die individuelle Bewertung des Ereignisses über den weiteren

Verlauf und das Ergebnis! Aktive Menschen haben Lust auf Veränderungen, denn sie bringen Abwechslung in ihr Leben und werden von Anfang an als Challenge/Herausforderung verstanden. Sie denken in der Regel sehr flexibel und erkennen gezielt die Vorteile, die sich aus der neuen Situation *für sie selbst* ergeben. Dabei wissen diese Menschen sehr wohl, dass im Verlauf eines Veränderungsprozesses vieles zunächst noch unklar ist, eben vorher noch nicht ausgetestet wurde. Aber - und das ist entscheidend - sie reagieren auf solcherart „Unsicherheiten" wesentlich ruhiger und gelassener (und deshalb i.d.R. erfolgreicher) als andere, deren Denkmuster ´Veränderung´ sofort negativ assoziiert mit z.B. Belastung, Störung, Gefahr etc..

Ein weiterer - für den richtigen Umgang mit Veränderung unverzichtbarer - Aspekt ist die Beharrlichkeit! Nur diszipliniertes, konsequentes Dranbleiben und In-Gang-Halten des Veränderungsprozesses führt über kurz oder lang zum gewünschten Resultat. Das allerdings bleibt den sogenannten „Quittern" versagt. Es gibt eben auch viele, die irgendwo unterwegs „steckenbleiben" ohne wieder „aufzustehen". Natürlich erfordern Veränderungen u.U. auch Experimente, die durchaus auch mal zu dem einen oder anderen Fehler führen können. In der Summe aber wird der aktive „Macher" immer zu einer erfolgreichen Strategie im stattfindenden Wandel kommen. Und das erst recht bei einer so deutlichen Veränderung, die das Leben im Ausland für einen mit sich bringt.

Ein derartiger Wandel von ein-gespielten Gewohnheiten, Abläufen, festen Strukturen, Inhalten und Kontakten - die Umstellung also auf ein neues sozio-kulturelles Umfeld - zwingen den Betreffenden zu einer enormen Anpassungsleistung an bislang mehr oder weniger Fremdes. „Das habe ich bisher immer so ge-macht....." kann so nicht fortgesetzt werden. Die neue, veränderte Situation bedarf vielmehr einer Neujustierung. Diese Anpassungen - ganz gleich ob große oder kleine - sind ja in Wirklichkeit auch nichts weiter als eine ganze Kette von Veränderungen, die gerade im Ausland sehr intensiv auf uns einwirken und verarbeitet (verinnerlicht) werden müssen.

In der Summe gesehen *verändern diese Veränderungen* uns selbst. Sie bereichern unser Leben in vielfältiger Weise - vorausgesetzt - wir freuen uns auf sie!

Veränderungen offensiv anzunehmen bedeutet also nicht nur Neues und Spannung in unserem Leben, sondern sie prägen auch unsere Persönlichkeit!

Kann ich loslassen?

„Die Kunst eines erfüllten Lebens ist die Kunst des Lassens: ZULASSEN - WEGLASSEN - LOSLASSEN“

(Unbekannt)

Auf der „Reise ins ich“ sind wir mit unserer Selbstanalyse an einem Punkt angekommen, der völlig *kopfgesteuert* ist und somit in hohem Maße über das Lebensgefühl und den weiteren Lebensverlauf entscheidet: Das *Loslassen*!

Gemeint sind Gewohnheiten, Vertrautes, Denkmuster, materielle Dinge sowie Menschen um uns herum. Ein eigenes Kapitel nur dazu wäre der Bedeutung dieser Thematik angemessen. Hier konzentrieren wir uns auf das Kernverständnis des *Loslassens* für den Erfolg eines Auslandsvorhabens.

Die Angst davor, Vertrautes oder auch Menschen womöglich nicht mehr um sich zu haben - also *loslassen* zu müssen - ist in Wirklichkeit auch ein Stück Angst vor dem Leben selbst. In Wahrheit bedeutet das Loslassen doch nichts anderes als die Erkenntnis, dass das Festhalten an Vielem gewissermaßen auch einen hohen Preis hat. Das Festhalten hindert uns oftmals daran, unser Leben auch wirklich nach unseren eigenen Wünschen und Vorstellungen leben zu können. Ergo: Leben lernen bedeutet loslassen lernen (!) oder mit den Worten von Buddah: „Lerne loszulassen. Das ist der Schlüssel zum Glück.“

Noch einmal - Loslassen ist eigentlich *reine Kopfsache*! Ein klarer Satz. Aber geht das denn einfach so? Nein - es geht eben nicht so ganz einfach. Aber was wäre, wenn wir das *Loslassen* vor allem als *Gewinn* verstehen lernen..... als einen (Mehr-)Gewinn an Freiheit, Chancen und Möglichkeiten (!)?

Fangen Sie damit an, Ihr Festhalten zu überwinden und *üben* Sie es, auch wenn anfänglich ein paar schmerzhafte Momente dabei sein könnten. *Loslassen* ist immer auch mit konkretem Handeln verbunden und verlangt von Ihnen die Fähigkeit, Neues ganz bewusst zuzulassen und konsequent *nach vorn* zu denken!

Dazulernen und sich anpassen – will / kann ich das ?

„Wenn du unter Fremden bist, singe nicht allein, sondern mit im Chor.“

(Aus Afrika)

Auf den ersten Blick hin scheint die in der Überschrift gewählte Frage mit einem schlichten Ja oder Nein hinreichend beantwortet zu sein. Aber eben nur auf den ersten Blick. Sobald wir etwas „tiefer graben“ müssen wir uns entscheiden, denn „sich anpassen“ kann u.U. auch eine negative Bedeutung haben im Sinne von sich unterwerfen, sich ducken, sich selbst verleugnen etc.. Das ist aber nicht unser Thema und wird daher auch nicht weiter besprochen.....

..... wohl aber das *Dazulernen* und *sich anpassen* als lebenslange Herausforderung sowie als Erfolgsrezept für Integration. Ein heute 85jähriger kann entweder vor dem Schuhkarton sitzen und wehmütig die schwarz-weiß Fotos von einst mit den geriffelten Rändern sortieren oder aber vor seinem Laptop, um die neueste Bildbearbeitungssoftware auszuprobieren. *Das* genau ist unser Thema: Lust auf Neues - und zwar bis zum „Schluss“!

Unser Ausgangspunkt: Lernen und Anpassungsfähigkeit sind sozusagen „Geschwister“ und beinhalten die Fähigkeit, sich auf Veränderungen und daraus resultierende neue Anforderungen einstellen zu können. Anders gesagt, Flexibilität als Erfolgseigenschaft kann man sich aneignen bzw. antrainieren. Neugier und das Interesse an neuem Wissen und Erfahrungen bedeutet, dass die Motivation, ein Leben lang zu lernen, vor allem in uns selbst steckt. Und da hat die Natur mit dem Menschen eine offenbar sehr begabte Spezies hervorgebracht, auch wenn der eine oder andere von diesen biologischen Vorteilen sehr unterschiedlich

Gebrauch macht. Ganz konkret geht es uns hier um den Gedanken ans Ausland und da steht die Formel *„Dazulernen + Anpassen = Integration“* ganz weit oben auf der Liste! Dazu gleich noch ein weiteres klärendes Wort: Dazulernen meint im Kontext dieses Buches nicht die „Schulbank“, sondern es steht vielmehr für die Freude auf das Entdecken und Verstehen von Neuem in allen Bereichen des täglichen Lebens am neuen Lebensstandort. *Selbststeuerung* ist hier ein entscheidendes Stichwort. Gemeint ist das selbstständige Recherchieren und Aneignen der Kenntnisse, die in der jeweiligen Situation erforderlich sind. Die eigenen „Antennen“ sind optimalerweise permanent auf Empfang eingestellt und dazu gehört auch learning-by-doing. Auf eine solche Art *dazuzulernen* , locker, mit Spaß und dennoch zielgerichtet - genau das ist hier die zentrale Botschaft.

Gerade die Herausforderung ´fremdsprachiges Ausland´ bedeutet ganz praktisch gesehen zuallererst das Erlernen der Landessprache. Ausreden - welcher Art auch immer - gelten hier nicht mehr! Wer sich diesem Erfordernis verweigert - natürlich dann mit der Aussicht auf „erfolgreiche Selbstisolation“ - bleibt möglicherweise ausgeschlossen und verzichtet quasi auf die Teilnahme am gesellschaftlichen Leben vor Ort.

Klare Antwort: Ja, ich will dazulernen - Ja, ich will mich anpassen!

Was motiviert mich?

„Das Vermögen, die Motive des Wollens schlechthin selbst hervorzubringen, ist die Freiheit."
(Immanuel Kant, 1724-1804, deutscher Philosoph)

Zugegeben, dass mit der *Motivation* ist immer so eine Sache und wer spontan dazu aufgefordert wird es zu erklären, braucht erst einmal eine Denkpause..... Also - versuchen wir es ganz einfach und fragen so:

OK - Sie wollen möglicherweise ins Ausland und haben vielleicht auch schon eine Wunschvorstellung von dem, was für Sie dort und nur dort erreichbar erscheint?

Was also sind Ihre entscheidenden *Motivationsfaktoren*, was sind Ihre „Antreiber"? Ist es generell die Zukunftsperspektive für Sie und Ihre Familie? Sind es verlockende berufliche Chancen? Eine neue - vielleicht exotische - Partnerschaft? Ist es schiere Abenteuerlust, Neugierde, die Suche nach Freiheit? Suchen Sie Wertschätzung, Gerechtigkeit, Anerkennung? Oder ist es die Aussicht, woanders endlich ein selbstbestimmtes Leben führen zu können? Brauchen Sie wieder eine neue Herausforderung, um das Leben in Ihnen zu spüren? Ist es der Wunsch, endlich zu genießen, weg von Überregulierung, Bevormundung, Großstadtstress, Lärm und der allgegenwärtigen Jagd nach dem Geld? Oder sind Sie als gläubiger Mensch an einem anderen Ort besser aufgehoben in Ihrer Spiritualität? Führt Sie die Sorge um Ihre Gesundheit weg? Hat man Ihnen im Ausland einen Karrieresprung oder gar eine Beförderung in Aussicht gestellt? Oder sind es „nur ganz banale" materielle Motive, wie etwa eine bessere Bezahlung oder die „Verdopplung" der Rente durch niedrige Lebenshaltungskosten? Oder das „Traumhaus", dass im „Traumland" zum halben Preis zu haben ist? Vielleicht wollen Sie ja auch mit der eigenen kleinen Maschine „die Welt" von oben kennenlernen..... oder als „Freizeitkapitän“ die Florida Keys oder die Seen Skandinaviens oder Kanadas entdecken - wie wär`s damit? Oder wollen Sie mehr als 300 Sonnentage im Jahr genießen..... oder das Skivergnügen, wann immer Sie Lust dazu haben..... oder..... oder..... oder.....? Schon diese kleine Aufzählung möglicher *Motivationsfaktoren* lässt erahnen, dass es immer ein ganz individueller Bedürfnis-Mix sein wird aus Wünschen, Umständen und materiellen Dingen, die Sie mit einer ´Option Ausland´ verbinden.

Verweilen Sie mal einige Minuten an einem ruhigen Ort und überlegen Sie (besser, schreiben Sie es sich auf), was Sie schon immer sehr gern HABEN WOLLTEN und sehr gern MACHEN WOLLTEN (klar, keine „Luftschlösser“). Verbinden Sie diese Gedanken unmittelbar mir Ihrer Auslandsvision und stellen Sie sich bereits jetzt - quasi bildlich - deren erfolgreiche Verwirklichung vor!

Na....., spüren Sie schon die „Schmetterlinge im Bauch“.......?

Was gibt mir Lebensfreude – was macht mir Spaß?

„Das Glück in dieser Welt besteht darin, nicht unglücklich zu sein. Man beachtet es nicht mit 20 Jahren, man weiß es mit sechzig."
(Theodore S. Jouffroy, 1796-1842, franz. Philosoph)

Was sind eigentlich für mich persönlich die Dinge auf dieser Welt, die mich ganz spontan „heiß" machen und ausrufen lassen : „.....Mann, genau das wär´s doch.....!" und wo allein schon der Gedanke daran reicht, mich happy zu machen?

Es sind bestimmte Dinge oder Gegebenheiten, die optimal zu meiner ganz individuellen Lebensfreude passen würden, wenn..... ja, wenn ich sie doch schon nur hätte..... Spaß, Glücksgefühl und positive Energie liegen ganz nahe beisammen und fließen dann und wann ineinander. Sie erzeugen Lebensfreude, die uns innerlich jung hält, uns mobil und aktiv sein lässt.

Der Gedanke an ein Auslandsvorhaben verlangt auch eine durchdachte Zusammenstellung bzw. Auflistung all dessen, was Sie positiv auflädt, was Sie beflügelt und Ihnen diese „easy-moments" schenkt. Das Zusammentragen der Faktoren, die für Ihr emotionales Wohlbefinden sorgen, ist eine reine Privatsache. Niemand außer Ihnen steckt in Ihrer Haut (!) – nur Sie wissen, was gut für Sie ist, Ihnen wirklich Spaß macht und Ihnen Freude bereitet. Apropos Spaß – völlig zu Unrecht wird Spaßhaben noch allzu oft in den Freizeitbereich „verbannt" oder als „Belohnung" verstanden, die einem erst nach der Arbeit zusteht. Wieso eigentlich? Warum darf uns Spaß und Freude nicht in allem was wir tun beflügeln, uns „tragen" und uns permanent auf der „positiven Welle surfen" lassen? Vieles um uns herum birgt auch ohne unser Zutun kleine Spaß- und Freudenmomente, vorausgesetzt, wir haben eine Antenne dafür. Andererseits – und das kann jeder selbst beeinflussen – sollte Spaß- und

Lustempfinden in möglichst allen Lebensbereichen vorkommen.

Beginnen Sie bei äußeren Einfußfaktoren, die Sie besonders mögen, wie z.B. Klimawünschen, geografischen Vorlieben, Naturmerkmalen, regionalen Präferenzen (Stadt oder ländliche Umgebung), infrastrukturellen und kulturellen Anforderungen. Weiter dann richten Sie Ihre Aufmerksamkeit auf das must-have rund um die Themen Geschäft, Beruf, Karriere und Freizeit. Werden Sie sich auch klar darüber, welche Art Menschen bzw. Mentalität Sie besonders gern um sich haben und wo Sie das am ehesten finden würden. Und dann gibt es noch das nice-to-have. Welche Momente genießen Sie ganz besonders und was waren für Sie bisher deren Inhalte? Soll alles so bleiben bzw. übernommen werden? Welche Dinge haben Sie schon immer gereizt, konnten aber bisher nicht ausgelebt werden, weil die dafür erforderlichen Bedingungen nicht gegeben waren? Was von alledem wäre auch am neuen Lebensstandort möglich?

Das Ausleben von „Dingen", die Spaß machen, ist für viele Menschen mit Auslandsambitionen ein ganz wichtiger Grund – wenn nicht sogar *der* Grund überhaupt – wegzugehen! Finden Sie heraus, was Ihnen Spaß macht und überlegen Sie möglichst genau, was auf Ihrer „Lebensfreude-Wunschliste" ganz oben stehen soll!

Meine Stärken!

„Das Verstehen deiner Stärken macht sie größer."
(Luc de Clapiers Vauvenarques; 1715-1747;
franz. Philosoph)

Die sicherste Methode, sich seinen individuellen Fähigkeiten, dem eigenen Können und der vorhandenen Kompetenzen *bewusst* zu werden, ist Selbstbeobachtung über einen längeren Zeitraum hinweg. Starten Sie am besten mit einer Reise in Ihre Vergangenheit. Was gab es da an Situationen / Umständen / Herausforderungen / Entscheidungen / Veränderungen, die Sie gemeistert haben und die sich in Ihrem Kopf als etwas Positives „eingegraben" haben? Welche Krisen oder schwierige Momente bzw. Zeiten haben Sie erfolgreich bewältigt und überstanden? Wieso ist Ihnen das eine oder das andere so leicht gefallen, so gut gelungen? Wenn also der Zufall nicht mit im Spiel war, dann waren es Ihre *mentalen und charakterlichen Stärken*, die Sie (vielleicht unbewusst) erfolgreich eingesetzt hatten!

Notieren Sie zunächst rückblickend gespeicherte Erfolgserinnerungen zusammen mit den damals angewandten Mitteln. Gemeint sind damit natürlich Ihre Fähigkeiten, Talente, Kenntnisse und Ihr besonderes Können. Wenn dieser erste Schritt getan ist, dann drücken Sie die „Reset-Taste" in Ihrem Kopf und beginnen Sie ab sofort damit, sich *bewusst* selbst zu beobachten, ehrlich und über einen längeren Zeitraum! In dieser Zeit sollten möglichst verschiedene Situationen, Bedingungen, Umstände, Anforderungen, Einflüsse und Ereignisse vorkommen, die eben die Bandbreite in Ihrem Leben so ausmachen. Schreiben Sie dabei in Stichpunkten auf, was Sie besonders gut können und was Ihnen mit Leichtigkeit gelingt.

Tipp: Praktischerweise sollte ein kleines Diktiergerät Ihr ständiger Begleiter sein, um plötzliche „Schlüssel-aha-genau das war´s-Erlebnisse“ (das entscheidende Detail also) während Ihrer Selbstbeobachtung gezielt speichern zu können.

Nächster Tipp: Fragen Sie ruhig auch mal in der Familie, im Bekanntenkreis oder die Kollegen, wofür Sie bewundert oder auch geschätzt werden.

In regelmäßigen Abständen sollten Sie dann die von Ihnen als *bemerkenswert* festgestellten Selbstbeobachtungen auswerten, möglichst *objektiv* beurteilen und auch hinterfragen: War das mehr oder weniger ein einmaliger Zufallserfolg oder ist das eine besondere Stärke von mir, die ich auch zukünftig mit ins Spiel bringen kann?

Mit Sicherheit werden Sie sich am Ende Ihrer Selbstreflexion gleich mehrerer Stärken bewusst geworden sein. Wer seine Stärken dann aber auch noch zielorientiert einsetzen kann, bündelt damit soviel positive Energie, dass Erfolgserlebnisse quasi vorprogrammiert sind. Dabei ist völlig klar, dass Sie Ihre Ansprüche, Wünsche und Begierden nach Ihren tatsächlichen Stärken ausrichten müssen, wenn Sie Erfolg haben wollen! Der zentrale Gedanke, mehr Lebensfreude und Lebensqualität im Ausland zu haben, erfordert unweigerlich einen Abgleich Ihrer Stärken mit Ihren Wünschen und Ansprüchen. „Basteln“ und visualisieren Sie für sich mal eine optimale Lebenssituation, in der all Ihre Stärken zum Einsatz kommen - mit anderen Worten: Justieren Sie Ihre Lebensumstände neu entsprechend der eigenen Stärken. Das ist der Trick und Unterschied zum naiven Abenteurertum!

Alle unsere Stärken sind im Grunde Fähigkeiten, die wir besonders gern ausüben. Sie werden aber erst dann zu Stärken, wenn sie auf ein Ziel hin wirken und bewusst eingesetzt werden können!

Welche wertvollen Ziele habe ich wirklich?

Sind denn nicht alle unsere Ziele in Wirklichkeit Träume mit einer „deadline“?

..... Dazu aber noch ein Quäntchen Lebensphilosophie:

´Werte ´meint alles das, woran wir (jeder für sich selbst) im Innersten glauben - was wir für richtig oder falsch halten. Es sind sozusagen „die ganz persönlichen Sterne“, an denen wir uns orientieren oder auch Leitmotive, nach denen wir unser Leben gestalten. Es sind die eigenen „basic values“ - Ansichten, Überzeugungen, Richtlinien und Moralvorstellungen -, ganz individuell zusammengestellt aufgrund unterschiedlicher Erziehung, Kultur, und Lebenserfahrungen.

Falls Sie das nicht schon längst für sich selbst beantwortet haben, sollten Sie es jetzt tun: Gehen Sie mal allein an einen ruhigen Ort, oben am Waldrand, unten am Fluss..... Setzen Sie sich hin und denken Sie „in sich selbst hinein“ (Stichwort Selbstreflexion) und beantworten Sie sich zwei Fragen. Erstens: Was sind *meine* Werte? Und Zweitens: Lebe ich auch in Einklang mit ihnen? Auch wenn Sie die zweite Frage eindeutig mit JA beantworten heißt das noch lange nicht, dass Sie mit Ihrem jetzigen Leben zufrieden und glücklich sind. Die mit einer ´Option Ausland´ anvisierten Veränderungen sind nur erreichbar über Ziele, die auch wirklich zu Ihnen passen! Definieren Sie deshalb Ihre *eigenen* Ziele (die Betonung liegt auf *eigene*) im Einklang mit Ihren *eigenen* Werten! So entstehen *wertvolle Ziele*!

Viele Menschen machen den Kardinalfehler, dass sie bei ihrer eigenen Lebensplanung damit beginnen, *kurzfristige* Ziele als erste bestimmen zu wollen. Etwa so „..... schauen wir mal bis zu dem Punkt - und dann sehen wir später schon irgendwie weiter.....“. Gerade beim Thema Ausland sind Reportagen und Berichte voller Beispiele von orientierungslosem „Herumeiern“ bzw. dilettantischem „.......... irgendwie geht´s immer weiter..........“ Gequatsche.

Das ist nicht das Konzept unserer ´Option Ausland“!

Das *große Ziel* muss als erstes klar definiert sein! Und das gilt erst recht für eine Lebensplanung, in deren Mittelpunkt das Ausland stehen soll. Also - was ist für Sie das große Ziel? „Meer und Palmen“ (mal symbolisch gesehen) gibt es an vielen Orten dieser Welt, nur - das allein ist noch kein Lebensziel. Ist es nicht vielmehr die Kombination, die Summe der gewünschten Lebensumstände insgesamt? Wohl schon eher. Natürlich kann es auch das Lebensziel sein, eine ganz bestimmte technische Erfindung machen zu wollen oder irgendetwas „Monumentales“ hinterlassen zu wollen oder als Künstler zu Weltruhm und Ehren zu gelangen. Aber das ist wiederum nicht unser Thema. Wir bleiben beim Zusammenspiel von Lebensgefühl und Ausland. Und denken Sie immer auch daran.....

„Es ist besser, mit drei Sprüngen zum Ziel zu kommen, als sich mit einem das Bein zu brechen.“

(Aus Afrika)

Welche Qualifikationen habe ich?

Ordnung schaffen, um den Überblick / Durchblick zu bekommen bzw. zu behalten, zieht sich wie eine unsichtbare Linie durch alle einzelnen Themen unseres Buches. Für Kapitel 1 kommt so langsam die Landebahn in Sicht und um sie dann am Ende auch sicher zu treffen, ist an dieser Stelle eine weitere Konkretisierung des Kurses notwendig.

´Qualifikationen´ oder ´Qualitäten´? Die Antwort: In allen vorangegangenen Punkten haben wir aus ganz verschiedenen Blickwinkeln heraus Qualitäten im Sinne von charakterlichen Eigenschaften und sozialen Kompetenzen betrachtet. Diese persönlichen Eigenschaften – sogenannte „soft skills" – sind *eine* Voraussetzung für ein erfolgreiches Auslandsvorhaben. Für alle diejenigen aber, die ihre Auslandsambitionen untrennbar mit beruflichen und/oder geschäftlichen Absichten verbinden, sind jetzt die „hard skills" an der Reihe – Qualifikationen als Fachkompetenz, die sie auch be- (oder nach-) weisen können. An dieser Stelle empfehlen wir Ihnen folgendes zusammenstellen:

- Arbeitszeugnisse
- Diplome, Lizenzen, Berechtigungsscheine, Erlaubnisse, Nachweisdokumente etc. (die nach wie vor Gültigkeit besitzen)
- belegbare Spezialkenntnisse („special skills")
- belegbare Fort- bzw. Weiterbildungen
- Fachwissen, das Sie in Schule, Beruf bzw. Berufsausbildung, Studium erworben haben
- durch langjährige praktische Arbeit erworbene Fähigkeiten

- handwerkliches Geschick / Kenntnisse (auch Hobbys)

- Kenntnisse im Office- Bereich

- Kenntnisse im IT- Bereich (Umgang mit moderner Kommunikationstechnik)

- Ihre Fremdsprachenkenntnisse (WICHTIG !)

Damit fertig, folgt logisch das Nachdenken darüber, was von alledem im „neuen Leben“ gezielt fortgesetzt / beibehalten / ausgebaut / weiterentwickelt werden soll – mit anderen Worten: Sortieren Sie jetzt mal unter dem Aspekt „das-mache-ich-besonders-gern“ / „das-sind-meine-Stärken“ ! Aber mit einer Ausnahme: *Fremdsprachen* !

Sollte das fremdsprachige Ausland Ihr Zielgebiet werden (und das wird in den allermeisten Fällen so sein), dann kann das Erlernen der Landessprache (oder eine der Landessprachen) zum K.O- Kriterium werden! Stellen Sie also beim Thema ´Qualifikationen´ den Teil Fremdsprachen ganz oben auf die Prioritätenliste und eignen Sie sich *vor* dem großen Schritt zumindest alltagstaugliche Sprachkenntnisse an! Eine „später-dann-vor-Ort“- Option für das Erlernen der Sprache könnte eine rasche, erfolgreiche berufliche und private Integration in die „neue Welt“ zumindest erheblich verzögern! Eine Fremdsprache erlernen kann – je nach Motivation – Qual oder Lust sein. Sie dann aber zu verstehen und selbst zu sprechen (egal, ob einigermaßen oder nahezu perfekt) ist Freude pur und bringt Sie darüber hinaus schneller an Ihr Ziel.

Warum es Sinn macht, die eigenen Interessen und Überzeugungen klar zu definieren!

Der letzte Teil für Kapitel 1 ist nicht als Zusammenfassung gedacht, sondern als Aufforderung an Sie, sich noch einmal klipp und klar vor Augen zu halten, was Sie mit dem Vorhaben Ausland wirklich erreichen wollen! Mit „Ich will .....“ formulieren Sie dazu bitte kurz und vor allem ehrlich Ihre *eigenen* Interessen, Wünsche und Vorstellungen. Diese sind natürlich wiederum ganz subjektiv - *eben IHRE* - und nur Sie können sie für sich selbst definieren!

Mit Fragestellungen geben wir hier Anregungen dazu:

- Worauf wollen Sie alle Ihre Anstrengungen in Zukunft ausrichten?
  (z.B. das Leben mehr zu genießen; größere Freiheit; mehr Selbstbestimmung, etc.);

- Was soll sich für Sie an den – nennen wir es mal – „äußeren Gegebenheiten“ ändern?
  (klimatische Bedingungen, geografische Besonderheiten, Sprachraum, etc.);

- Was ist Ihnen in Ihrem Privatleben besonders wichtig und wäre voraussichtlich im Ausland viel besser realisierbar?
  (Partnerschaft, Hobbys, Freizeitgestaltung, Zeiteinteilung, etc.);

- Was – wenn Kinder dabei sind – soll für deren (Aus-)Bildung und Erziehung erreicht werden?

- Welche beruflichen und / oder geschäftlichen Chancen und Möglichkeiten wollen Sie dort für sich vorfinden?

- Mit welchen Umständen und Einflüssen wollen Sie auf *keinen* Fall wieder konfrontiert werden bzw. was wollen Sie ein für alle Mal hinter sich lassen?

Das Stichwort ´Überzeugungen´ soll quasi überprüfen, ob Ihre Meinungen, Wertvorstellungen und Glaubensinhalte, die Sie in Ihrem bisherigen Leben aufgebaut haben, dann auch hundertprozentig „mitspielen". Wenn es später in unserem Buch darum geht, die Auswahl der Lebensumstände / Rahmenbedingungen im Ausland so weit wie möglich Ihren Interessen und Überzeugungen anzupassen, entstehen folgende Fragen :

- Welche politische Orientierung habe ich (wenn überhaupt)?

- In welchem Kulturkreis fühle ich mich wohl und gut aufgehoben?

- Habe ich ethnische Präferenzen?

- Bin ich religiös?

- Wieviel Toleranz ist Ok für mich?

- Wieviel „Law and Order" bzw. öffentliche Regulierung (und in welchen Bereichen) brauche ich oder will ich um mich herum?

- Würde ich ggf. – und wenn Ja in welchem Umfang – Abweichungen von meinem Vorhaben zulassen?

- Was ist für mich völlig inakzeptabel sowohl privat, beruflich als auch im gesellschaftlichen Leben?

- Was sind für mich die „Dinge im Leben", auf die ich auf keinen Fall verzichten will?

Auch diese Aufzählung *einiger* grundsätzlicher Fragen soll eher Anregung sein, sich die Eckpfeiler des *eigenen Wertehauses* noch einmal ganz bewusst zu machen, denn - und genau das ist der eigentliche Sinn dieser abschließenden Reflektion - wir haben es (das Wertehaus) ja immer mit dabei.

KAPITEL 2 AUSGANGSSITUATION –

Wo stehe ich / Was folgt daraus ?

Für den Erfolg Ihres Auslandsvorhabens ist es unverzichtbar, dass Sie sich Klarheit über Ihre eigene Ausgangssituation verschaffen . Prüfen Sie dazu Ihre Lebensumstände anhand der nachfolgenden Checkliste, damit Sie Ihre derzeitige Situation objektiv bewerten können. In der Folge werden Sie diese Erkenntnisse brauchen, um die richtigen Entscheidungen zu treffen.

ERSTENS : Bindungen und Verpflichtungen

- Familie und Verwandte
- Besondere private Umstände
- Weitere Verbündete
- Job, Geschäft, Karriere
- Gesellschaftliches Engagement
- Mitgliedschaften
- Sonstige Verpflichtungen

ZWEITENS : Wirtschaftliche Situation

- Einkünfte
- Kapitalanlagen
- Versicherungen
- Immobilienbesitz

- Mobile Werte
- Liquiditätsstatus
- Verbindlichkeiten
- Nachlassregelung

DRITTENS : Zeitmanagement / time-allocation

- Zeitverteilung
- Zeitfenster

ERSTENS: Bindungen und Verpflichtungen

Familie und Verwandte – Wo stehe ich?

Die nachfolgenden Überlegungen lassen sich wohl am treffendsten unter dem Begriff ´familiäre Bestandsaufnahme´ zusammenfassen und konzentrieren sich (ohne den Anspruch der Vollständigkeit) praktischerweise auf den noch überschaubaren Teil der Familie:

1. Wer gehört bei Ihnen dazu? Checkliste: der Partner/Ehepartner; die Kinder; die Enkelkinder; die Geschwister; die Eltern; die Großeltern; die Schwiegereltern; die Schwager und Schwägerinnen; die Neffen und Nichten; die Onkel und Tanten; die Cousins und Cousinen..... Abbruch an dieser Stelle, alles weitere wird kompliziert.

2. Zu welchen Personen aus Ihrem Familien- und Verwandtenkreis pflegen Sie den Kontakt?

3. Zu welchen Personen aus diesem Familien- und Verwandtenkreis soll der Kontakt dann auch in Zukunft „aus der Ferne" unbedingt fortgesetzt werden?

4. Welche „offenen Dinge" im Sinne von Verpflichtungen jeglicher Art haben Sie derzeit noch gegenüber Personen aus Ihrem Familien- und Verwandtenkreis?

5. Welche von diesen noch offenen Verpflichtungen / Verbindlichkeiten könnten vor Ihrem geplanten Weggang erledigt bzw. erfüllt werden und welche wollen oder müssen Sie auch später dann aus der Distanz fortsetzen?

Sobald Sie das für sich selbst geklärt und in der Folge dann auch geregelt haben, kommen wir zur Kernfrage überhaupt in diesem Abschnitt:

6. Geht es „nur" um Sie allein oder sind weitere Personen aus Ihrem familiären Umfeld bei Ihrem Auslandsvorhaben mit dabei ? Es kann zweifellos eine komfortable Situation sein (je nachdem, wie das die betreffende Person selbst sieht), wenn man sich allein auf den Weg macht, denn es müsste ja keinerlei Konsens mit einem (oder mehreren) Begleiter(n) herbeigeführt werden. Nur die eigenen Emotionen, Interessen, Überzeugungen und Ziele sind mit im Spiel.

7. Etwas anderes ist es, wenn der Lebensgefährte, Kinder und/oder andere Familienmitglieder mit an Bord sind. Hier geht es um die Frage: Wollen alle Beteiligten diesen Schritt wirklich aus der eigenen inneren Überzeugung gehen oder muss hier jemand Kompromisse hinsichtlich der eigenen Wünsche und Ziele zugunsten der anderen eingehen? Wenn das der Fall ist - wie könnte schon hier und heute eine zufriedenstellende Lösung für alle Beteiligten herbeigeführt werden?

Nächste Frage: Wie sieht es eigentlich generell mit der „Chemie" zwischen Ihnen und den anderen aus, die an Ihrer ´Option Ausland´ teilnehmen werden bzw. auch zu denen, die Zuhause bleiben? Ist hier möglicherweise bereits jetzt schon Konfliktpotenzial erkennbar? Denken Sie bitte auch daran: Wenn andere Familienmitglieder bzw. verschiedene Generationen diesen Schritt mit Ihnen gemeinsam gehen wollen, dann sind *Solidarität* und *Gemeinschaftssinn* eine zwingende Voraussetzung für Ihren Erfolg und Ihre Lebensfreude im Ausland!

Familie und Verwandte – Was folgt daraus?

• Eine Konstellation, in der der (noch alleinstehende) Sohn bzw. die Tochter zusammen mit den Eltern ins Ausland gehen will, kann für beide Seiten ein lohnendes „win-win"-Konzept sein. Sohn/Tochter behält in vollem Umfang die Single-Unabhängigkeit mit all den Vorteilen. Da in dieser Ausgangssituation keine Partnerschaftskompromisse berücksichtigt werden müssen, ist die Flexibilität auch noch nicht eingegrenzt. Beruf und Karriere könnten das entscheidende Thema in dieser Situation sein, weil sich gerade der (noch) alleinstehende "Start-up" wirklich punktgenau das optimale Umfeld für den eigenen Erfolg aussuchen kann! Ein weiterer, wichtiger Vorteil des Singledaseins ist die damit gegebene Möglichkeit einer außergewöhnlich hohen Mobilität in der Geschäftswelt. Noch frei von Bindungen sind Singles besonders in solchen Berufs- und Geschäftsbranchen sehr begehrt, die ggf. häufiges Reisen oder flexible Arbeitszeiten erfordern. Gleichzeitig aber bleibt die vertraute Nestwärme bei den Eltern erhalten, die dann im Bedarfsfall den ambitionierten Nachwuchs auch mal direkt vor Ort unterstützen können. Besonders interessant wird diese Kombination für beide Seiten aber vor allem dann, wenn gemeinsame geschäftliche Interessen verfolgt werden sollen.

• Das gilt erst recht für die Variante ´Paar plus Eltern´ - genau *das* Powerpaket, wenn alle dann auch noch in die gleiche Richtung laufen! Ein junges Paar und die Eltern - fit und so um die Anfang 50 - genau das ist das klassische Konzept für den erfolgreichen Familienbetrieb. "Starter-Energie" einerseits und ausgeprägte soziale Kompetenz sowie Lebenserfahrung andererseits können wechselseitig in hohem Maße voneinander profitieren. Wie auch immer und unabhängig davon, ob die Eltern noch erwerbstätig sein wollen bzw. müssen - gegenseitiger Respekt und ein Standortumfeld, das die individuellen Interessen jedes einzelnen Familienmitgliedes berüchtigt, sind für das langfristige Funktionieren dieser Konstellation unerlässlich. Dazu gehört ebenfalls eine klare Antwort auf die Frage: Was ist den beteiligten Parteien in ihrem jetzigen Leben so wichtig, dass sie auch künftig auf gar keinen Fall darauf verzichten würden? Welche Dinge, Gewohnheiten und/oder Abläufe sollten auf jeden Fall in die "neue Welt" mitgenommen bzw. auch dort beibehalten werden? Denkbar wäre selbstverständlich auch eine Situation, in der die Eltern ihre „Start-ups“ in der Anfangsphase zeitlich begrenzt im Ausland begleiten!

• Viel öfter als vermutet zieht es aber die klassische Familie mit Kindern bzw. auch Alleinerziehende mit Kind ins Ausland. Mit Blick auf die Zielstellung sollten für diese Ausgangssituation folgende Denkanregungen Berücksichtigung finden:

Zunächst steht hier die Koordination zwischen den verschiedenen Wünschen der einzelnen Familienmitglieder absolut im Vordergrund. Damit können für die Standortauswahl u.U. ganz andere Anforderungen an die Infrastruktur erforderlich werden als beispielsweise für einen Single. Das Thema ´Ausland und Kinder´ die zur Schule gehen, sich in der beruflichen Ausbildung oder im Studium befinden bzw. demnächst befinden werden, hat eine ganz eigene Tragweite, weil solche Konstellationen von Ihnen entsprechende (Grundsatz-)Entscheidungen abverlangen können! Zum Beispiel:

Welche Qualität der Bildung wollen oder können die Eltern den Kindern ermöglichen und wo finden sie diese Möglichkeiten? Primär geht es hier um den direkten Zusammenhang zwischen der Qualität und den Kosten für Bildung/Ausbildung/Studium. Außer dem Vorhandensein entsprechender Einrichtungen vor Ort geht es aber auch darum, dass die Eltern ihre beruflichen Wünsche und Ziele dort ebenfalls verwirklichen können! Auch dieser Zusammenhang sollte schon aus der Distanz so weit als möglich recherchiert werden.

Na ja,..... und dann ist da noch „so eine Sache"..... nämlich die „Teeny-Problematik" so etwa im Alter zwischen dem 12. und 17. Lebensjahr. Pubertät, die Clique, Freundschaften und..... ´peng´.......... die erste (selbstverständlich ganz große) Liebe..........!

OK - es gibt für die möglicherweise selbst noch relativ jungen Eltern sicherlich einfachere Situationen, als in dieser Gemengelage den (Noch-)Kids das anstehende Auslandsvorhaben als die coolste Geschichte ihres Lebens zu verkaufen. Klar, das trifft auch nicht auf alle in dieser Altersgruppe zu. Aber wenn es dann schon mal bei dem einen oder anderen Teeny „geknallt" hat, dann kann die Trennung von Freund/Freundin auch schon mal so in Richtung Weltuntergang driften! Was also könnten die Eltern in diesem Fall tun? Wäre es vielleicht das Beste, wenn die Eltern ein gemeinsames (!) Machtwort sprechen und darauf spekulieren, dass der Spruch „Aus den Augen - Aus dem Sinn" dann auch Wirkung zeigt und die Zeit alle Wunden heilt? Oder wäre es vielleicht klüger, den Kids (scheinbar) die Wahl zu lassen, sich nach einer längeren Testphase vor Ort für den neuen Abenteuerstandort im Ausland oder aber für die „zurück zu Freund/Freundin-Variante" entscheiden zu können?

• Und dann gibt es da noch die „Vollversion" - also die Familie mit Kindern und den Großeltern, die gemeinsam an ihrem Auf-und-davon-Konzept arbeiten. Dazu gehört unbedingt die Erkenntnis, dass es sich bei diesem *Drei-Generationen-Modell* im Grunde genommen auch um *drei kleine unterschiedliche Welten* handelt! Gemeinschaft, Sicherheit und relative Unabhängigkeit nach außen sind die eigentlichen Stärken dieser Konstellation. Gleichzeitig aber stellt solch eine All-in-Variante ganz besondere Anforderungen an Toleranz, Akzeptanz, Verständnis und Respekt sowie darüber hinaus an die Infrastruktur des neuen Lebensumfeldes. Das Karussell Schule/Ausbildung/Studium - Erwerbstätigkeit - Rentnerdasein - Freizeitgestaltung und vielleicht darüber hinaus auch noch das Zusammenleben unter einem Dach sollte dann alles in allem wirklich rundlaufen und auch wirklich funktionieren!

Besondere private Umstände

Innerfamiliäre Solidarität in Verbindung mit der notwendigen Toleranz und Akzeptanz untereinander sowie klare Entscheidungen, die von allen Beteiligten gemeinsam getragen werden sind ein Mix, der ganz besonders dann gebraucht wird, wenn es um *besondere private Umstände* geht!

Sie haben es sicher schon längst bemerkt - eine „nach-mir-die-Sintflut-Mentalität" hat in unserer ´Option Ausland´ keinen Platz. Erst recht nicht, wenn es um das Zurücklassen älterer Familienangehöriger geht. Pflegebedürftig im eigentlichen Sinne sind Mutter/Vater bzw. auch die Großeltern (noch) nicht. Dennoch - Sie haben Ihre Eltern bislang hin und wieder bei Arbeiten am Haus und im Garten geholfen, ihnen ab und zu den Einkauf erledigt, sie mal zum Arzt gefahren oder sonstige Erledigungen besorgt. Nun sind Sie aber bald nicht mehr da - jedenfalls nicht gerade so „um die nächste Ecke". Grund genug, rechtzeitig den großen

Familienrat einzuberufen. Mit Blick auf das voranschreitende Alter könnten z.B. diese Möglichkeiten auf der Tagesordnung stehen:

- entweder ein anderes Familienmitglied, Verwandter oder guter Bekannter übernimmt für Sie diese Aufgabe in Zukunft oder

- (und das ist auf lange Sicht immer die bessere Lösung) falls man nicht sowieso schon in einer gut strukturierten Stadtlage wohnt, wäre ein künftiger Umzug in eine altersgerechte Infrastruktur sinnvoll.

Soweit - so gut. Jetzt aber mal zum Stichwort Pflegebedürftigkeit. Alles lässt sich irgendwie organisieren – das ist unstrittig. Unstrittig ist aber auch, dass Pflege aus der Entfernung schlichtweg unmöglich ist. Ja, was nun? Sollten Sie sich in einer solchen Pflegeverpflichtung befinden, dann könnten folgende Überlegungen zum Tragen kommen:

- Sie nehmen die pflegebedürftige Person mit ins neue Leben. Das hört sich in der ersten Sekunde zwar verrückt an, aber eine Minute später wird dieser Gedanke schon viel interessanter wenn man sich vorstellt, dass es am neuen Standort ggf. schon für „kleines Geld" Pflegepersonal gibt, das Ihnen Ihr Privatleben komplett zurückgeben könnte.

- Sie organisieren – selbstverständlich mit Einverständnis der pflegebedürftigen Person – einen Pflegeersatz für sich selbst, idealerweise ein anderes Familienmitglied, das in der Nähe wohnt. Ist das so nicht möglich, kommt möglicherweise das Stichwort ´betreutes Wohnen´ ins Spiel, bevor dann....

- das Feierabend- und Pflegeheim zur Diskussion stehen könnte.

Sofern das Ihre derzeitige Situation ist, spielen Sie diese Gedanken doch einfach mal durch.

Auch eine Schwangerschaft zählt zu den besonderen privaten Umständen. Anders als in sonstigen Ausgangssituationen sollte eine Schwangerschaft möglichst überhaupt nicht mit den Turbulenzen eines in der Vorbereitung befindlichen Auslandsvorhabens vermischt werden. Hier ist - falls noch möglich - entsprechendes Timing gefragt. Die besonderen gesundheitlichen Anforderungen an die werdende Mutter sollten auf jeden Fall derart respektiert werden, dass die ´Option Ausland´ entweder rechtzeitig vorher realisiert wurde oder aber zuerst die Schwangerschaft mit ausreichender Erholungsphase stattfinden kann.

Nicht nur in dieser Situation, sondern ganz allgemein aus diversen pragmatischen Gründen in einer Partnerschaft bzw. innerhalb der Familie, kann auch die nachfolgende Denkanregung zu einem klugen Handlungsvorschlag werden:

Spielen Sie mal Szenarien gedanklich durch, in denen die Lebenspartner bzw. Familienmitglieder *nicht* gleichzeitig ins Ausland gehen, sondern möglicherweise *zeitversetzt* . Das kann - ganz praktisch gesehen - in verschiedenen Situationen die beste Lösung überhaupt für alle Beteiligten sein. Zum Beispiel dann, wenn in der Kalkulation die Überbrückung einer gewissen Zeit ohne jegliches Einkommen nicht ratsam wäre. In solch einem Fall könnte der vorausgehende Partner in aller Ruhe am neuen Standort im Ausland seine Erwerbstätigkeit organisieren, während der zeitweise zurückbleibende Partner in der Zwischenzeit weiter ganz normal berufstätig ist.

Ähnliches Szenario: Das Kind (die Kinder) befindet sich gerade in einer wichtigen Phase der Ausbildung (z.B. Abitur) - oder in der Uni - oder in der beruflichen Bildung, deren Abbruch bzw. vorzeitige Beendigung wegen des Auslandsvorhabens jetzt auf gar keinen Fall ratsam wäre. Dennoch, für die Eltern ist gerade jetzt der günstigste Zeitpunkt für die Verwirklichung ihrer Auslandsoption gekommen. Wäre es hier denn nicht das Allerbeste, das Kind/die Kinder bis zum Abschluss dieser wichtigen Ausbildungsphase (also zeitlich begrenzt und überschaubar) in die vertrauensvollen Obhut eines anderen Familienmitglieds oder Verwandten zu geben?

Weitere Verbündete

Verbündete im Sinne von (wahren) Freunden – das lehrt uns das Leben – sind selten. Nein, eine zwingende Voraussetzung für das gute Gelingen Ihres Auslandsvorhabens sind sie nicht. Aber jemanden zu kennen, auf den man sich absolut verlassen kann, ist in mancher Situation schon sehr hilfreich.

Und das könnten Sie tun:

Verlassen Sie (gedanklich) Ihr unmittelbar familiäres Umfeld und lassen Sie einmal alle weiteren Leute, die in Ihrem derzeitigen Leben/Alltag irgendwie und irgendwo eine Rolle spielen, nacheinander „vor Ihrem geistigen Auge antreten“ !

Teilen Sie sie in drei Gruppen auf:

Gruppe A: Dazu gehören diejenigen Menschen, von denen Sie wissen, dass sie bisher immer zu Ihnen gestanden haben und Ihr vollstes Vertrauen genießen. Diese wahren Freunde könnten Sie dann auch aus der Ferne sowohl mental sowie bei der Erledigung von Dingen unterstützen.

Gruppe B: Nennen wir sie mal „technisch-organisatorische Kontakte", die unseren Alltag begleiten (z.B. Banker, Versicherungsleute, Handwerker, Arzt, Anwalt, etc.). Diese „Verbündeten" sollten Sie pflegen für den Fall, dass Sie einen Teil Ihrer bisherigen Lebensumstände (z.B. ein vermietetes Objekt) „funktionstüchtig zurücklassen" wollen oder müssen. Weiter unten kommen wir auf dieses Thema zurück.

Gruppe C: Auf keinen Fall sollten Sie all jene übersehen, von denen Sie bislang nur wenig oder keinerlei Unterstützung erhalten haben und das auch für die Zukunft eher nicht erwarten können. Beenden Sie diese Kontakte konsequent und möglichst rasch.

Hinweis: Für die ersten beiden Gruppen ist wichtig, sich eine aktualisierte Kontaktliste mit Namen, Adressen, Telefon- und Internetdaten zu erstellen, einschließlich einer Kurzinformation zu den Zuständigkeiten/Kompetenzen sowie zu den für Sie nützlichen Besonderheiten der jeweiligen Person.

Job - Geschäft - Karriere

Verschaffen Sie sich als allererstes Klarheit darüber, welche rechtsgültigen Bindungen und Verpflichtungen Ihre derzeitige Erwerbstätigkeit regeln. Das kann von Fall zu Fall sehr unterschiedlich sein. Für das Anliegen unseres Buches geht es hier im Wesentlichen um folgende Punkte:

- die Beendigung der beruflichen Tätigkeit sowie die rechtlichen Rahmenbedingungen hinsichtlich Kündigung des Arbeitsverhältnisses bzw. Beendigung einer selbständigen Erwerbstätigkeit.

  Hier stehen die Fragen nach vertraglich vereinbarten Kündigungsmodalitäten (Fristen, Ansprüche, Entschädigungen, Abfindungen, etc.) und deren sozialrechtliche Folgen (Kranken- u. Rentenversicherung, Pensionen, Leistungsansprüche, etc.) im Vordergrund. Für selbständige Gewerbetreibende kommen ggf. Vorfälligkeits- / Konventionalregelungen hinzu. Zu prüfen wäre auch, ob möglicherweise softere Lösungen - wie z.B. Aufhebungsvereinbarungen zu vernünftigen Bedingungen - drin sind.

- weitere Faktoren, die eine Beendigung der derzeitigen Erwerbstätigkeit beeinflussen könnten.

  Zusätzlich zu den vorherigen Hinweisen hängt auch hier die Beantwortung dieser Frage einzig und allein von den ganz speziellen Umständen rund um die betreffende Person ab.

  - Sind schulpflichtige oder in der Ausbildung befindliche Kinder zu berücksichtigen ?

  - Ist mein Lebenspartner ebenfalls berufstätig und wie sieht es bei ihm aus?

  - Bin ich vertraglich an laufende oder künftige Projekte gebunden?

  - Steht möglicherweise zeitnah ein Ereignis an (z.B. eine Beförderung, ein Karrieresprung oder die Pensionierung), das auf jeden Fall noch „mitgenommen“ werden soll?

- Muss ich saisonale Bindungen berücksichtigen, z.B. Sommer- oder Wintersaison?

Fazit hier: Vergewissern Sie sich, wie Sie Ihre derzeitige Erwerbstätigkeit abwickeln könnten und zwar

- juristisch einwandfrei,
- geordnet,
- in welchem Zeitraum und
- zu welchen Konditionen.

Gesellschaftliches Engagement

Selbstverständlich ist auch jede geleistete Nachbarschaftshilfe Teil eines wertvollen und lobenswerten gesellschaftlichen Engagements – soviel sei vorangestellt.

Unser Thema allerdings verlangt, dass wir Ihre Aufmerksamkeit auf Bindungen und Verpflichtungen lenken, die Sie möglicherweise im Sinne von Mitgliedschaften / Zugehörigkeiten zu Parteien, Gewerkschaften, Verbänden, Vereinen, Hilfsdiensten, Organisationen usw. unterhalten.

Wer vorhat ins Ausland zu gehen, muss auch hier eine (*seine*) Lösung in-petto haben. Also – wir sortieren das mal:

Mitgliedschaften und Zugehörigkeiten im o.g. Sinne werden normalerweise durch Statuten geregelt, in denen u.a. die

Modalitäten festgeschrieben sind für eine(n) Beendigung, Kündigung, Austritt, Unterbrechung, Ruhigstellung, Wiederaufnahme dieser jeweiligen Mitgliedschaft bzw. Zugehörigkeit. In solch einem Fall sollte man herausfinden,

- ob eine Beendigung der Mitgliedschaft bzw. Zugehörigkeit zwingend notwendig ist und wenn Ja, unter welchen Umständen und zu welchen Bedingungen?
- ob eine ruhende bzw. korrespondierende Mitgliedschaft eventuell möglich ist?
- ob es im anvisierten Ausland vielleicht einen „Ableger" der jeweiligen Organisation gibt?

Beachten Sie bitte dazu auch Folgendes :

Sollten Sie in der jeweiligen Organisation eine Wahlfunktion ausüben, kann das wiederum direkte Auswirkungen auf das von Ihnen gewünschte Timing für den Ablauf Ihres Auslandsvorhabens haben.

Denken Sie mit ausreichendem zeitlichen Vorlauf ggf. auch an Ihre Nachfolge im Club, im Verein etc., sofern Ihnen das am Herzen liegt.

Auch hier zum Thema ´gesellschaftliches Engagement´ sollte daran erinnert werden, dass es immer dann Sinn macht sich professionelle Beratung zu holen, wenn Steuern, Beiträge, Abgaben etc. mit im Spiel sind.

Und noch etwas - wie wär`s, wenn Sie die jetzige Gelegenheit auch einmal als eine Art „Aufräumaktion" sehen und für sich selbst reflektieren, wo (wenn überhaupt) Sie sich in Zukunft wirklich wieder engagieren wollen......?

Mitgliedschaften

In Abgrenzung zum gesellschaftlichen Engagement sind hier alle anderen diversen Mitgliedschaften gemeint, die (regelmäßige) Beitragszahlungen zur Folge haben; Abonnements, Clubbeiträge, etc.. Hier achten Sie besonders auf die Einhaltung von Kündigungsfristen und Zahlungsverpflichtungen oder Beitragserstattungen.

Sonstige Verpflichtungen

Stichwort ´Verträge´: Schauen Sie mal Ihre diversen Schubladen nach Verträgen jeglicher Art durch (z.B. Pacht- , Miet- , Leasing- , Ratenverträge und, und.....), die irgendwie an Laufzeiten gebunden sind. Hier sollten Sie sich informieren, ob und zu welchen Bedingungen eine vorzeitige Auflösung oder beitragsfreie Ruhestellung möglich wäre.

Stichwort ´Vormundschaften´: Wenn Sie eine rechtsrelevante Vormundschaft ausüben, ist in jedem Fall professionelle Beratung zu empfehlen.

Stichwort ´schwebende Verfahren´ (z.B. Scheidung, Rechtsstreit, etc.): Hier ist ebenfalls professionelle Beratung angesagt insbesondere unter dem Gesichtspunkt, inwieweit hier Delegation über Vollmachten u.ä. möglich ist, damit Sie Ihr Auslandsvorhaben ohne größere Verzögerung umsetzen können.

Stichwort ´Frauchen bzw. Herrchen´: Haustiere, die mitgenommen werden sollen, erfordern erstens eine genaue Information über die dafür geltenden Gesetze und Bestimmungen am künftigen Standort. Und außerdem geht es dann zweitens um die Beschaffung der notwendigen Dokumente bzw. Nachweise. Sollten Exoten zum späteren

Reisegepäck gehören, dann ist ihr Besitzer aufgefordert, sich rechtzeitig über geltendes Artenschutzrecht/Ausfuhr- bzw. Einfuhrverbote usw. zu informieren.

ZWEITENS : Wirtschaftliche Situation

Grundsätzlich gilt: Ihre wirtschaftliche Situation bestimmt Ihre eigenen Handlungs- und Aktionsspielräume. Damit ist vor allem (aber nicht nur) eine solide finanzielle Ausgangslage gemeint. Diese sollte Ihnen bereits am Beginn Ihres Auslandsvorhabens zur Verfügung stehen, damit Sie die vor Ihnen liegenden Schritte zielgerichtet (d.h. im Idealfall ohne finanzielle Krisenszenarien) gehen können.

- Einkünfte

  Soweit vorhanden, tragen Sie hier bitte nur den Teil Ihres derzeitigen Einkommens zusammen, von dem Sie wissen, dass er auch dann ganz normal weiter fließt, wenn Sie sich später dann im Ausland befinden. Dazu gehören beispielsweise Renten und Pensionen, Einkünfte aus Vermietung und Verpachtung, Erträge aus Wertpapieranlagen, Tantiemen oder auch regelmäßige Geldtransferleistungen zu Ihren Gunsten.

- Kapitalanlagen

  Damit ist an dieser Stelle Ihr Wertpapierbesitz (z.B. Aktienanlagen, festverzinsliche Wertpapiere, etc.) gemeint. Prüfen Sie rechtzeitig deren Verfügbarkeit und veranlassen Sie ggf. Anlagekorrekturen, die Ihr Auslandsvorhaben auch aus diesem Blickwinkel begünstigen. Ihr Wertpapierportfolio sollte ganz allgemein z.B. per Internet jederzeit und an jedem Ort gemanaged werden können.

- Versicherungen

  Hier sprechen wir über kapitalbildende Versicherungen. Entscheiden Sie, ob Sie sie behalten, ruhen lassen oder aber zurückkaufen wollen (Hinweis: das geht i.d.R. erst nach einer vertraglich festgelegten

Mindestlaufzeit; dazu sollten Sie auch den aktuellen Rückkaufwert kennen). Zur Abwicklung sollten Sie sich immer beraten lassen.

- Immobilienbesitz

Sie wohnen in Ihrer eigenen Immobilie und/oder haben Immobilienbesitz vermietet oder verpachtet. Denken Sie unbedingt an den Grundsatz: Eigentum verpflichtet! Was auch immer Sie in Zukunft damit machen wollen - zu beachten ist, dass Sie zwar die technische und administrative Verwaltung (z.B. Vermietung) in andere Hände legen können, aber nicht die juristische Verantwortung als Eigentümer! Die bleibt - sofern Sie Ihre Immobilie behalten wollen - bei Ihnen, egal wieviele (tausend) Kilometer zwischen Ihnen und Ihrem Anwesen liegen. So manch einer hat dabei schon die Erfahrung machen müssen, dass es zunehmend schwieriger wird, vermieteten Immobilienbesitz reibungslos zu bewirtschaften. Da kann beispielsweise das sich ausbreitende „Mietnomadentum“ aus der Entfernung zu einer stressigen juristischen Angelegenheit werden, vor allem dann, wenn regelmäßige Mieteinnahmen zur Tilgung von Hypothekendarlehen eingesetzt werden müssen. Nicht wenige Immobilienbesitzer mit Auslandsambitionen ziehen es daher vor, Ihre Immobilien zu verkaufen. Dieses Geld könnte dann - entsprechend angelegt - für ein regelmäßiges Zusatzeinkommen im Ausland sorgen.

- Mobile Werte

Alles, was irgendwie wirklich wertvoll ist - sei es materieller oder ideeller Art - und noch dazu transportiert werden könnte, sind mobile Wertgegenstände. Das kann Hosentaschenformat haben oder aber der hochglanzpolierte Oldtimer sein - wie auch immer - machen Sie doch folgendes:

Listen Sie mal für sich selbst auf, welche Sachwerte Sie verkaufen oder mitnehmen würden. Stellen Sie dann fest, zu welchen Bedingungen (vor allem Transportkosten) diese Wertsachen ggf. mit auf die Reise gehen könnten und entscheiden Sie dann, was sich tatsächlich für Sie rechnen würde: einpacken und mitnehmen oder besser gleich verkaufen (und später dann vor Ort neu kaufen), um schon jetzt mit Blickrichtung Ausland die eigene "Kriegskasse" aufzufüllen.

- Liquiditätsstatus

Ihre Liquidität ist derjenige Teil Ihres Vermögen, der Ihnen jederzeit (auch in bar) zur Verfügung stehen könnte. Also, auf welchen Betrag würden Sie derzeit in etwa kommen? Mal abgesehen vom derzeitigen Kontostand geht es um Ihre tatsächliche Liquidität unmittelbar vor Beginn Ihres Auslandsvorhabens. Wer die Option Ausland nicht als naives Greenhorn angehen will, sollte sich also vorher im eigenen Sicherheitsinteresse einen Puffer schaffen. Ordnen Sie daher unbedingt rechtzeitig Ihre Finanzen, damit zu keinem Zeitpunkt in der vor Ihnen liegenden (längeren oder kürzeren) Übergangsphase ein Liquiditätsengpass entstehen kann.

- Verbindlichkeiten

Das sind ganz allgemein Ihre derzeitigen Zahlungsverpflichtungen, die ggf. noch auf Sie zukommen können (z.B. Darlehensverträge, Steuern).

Zu prüfen ist hier:

- Welche dieser Zahlungsverpflichtungen könnten Sie endgültig tilgen und bis wann?

- Wie und bis wann könnten Sie aus dem Vertrag X oder Y vorzeitig herauskommen und zu welchen Bedingungen?

- Gibt es Verbindlichkeiten, die Sie langfristig (auch aus dem Ausland) bedienen müssen und was würde das für Ihre Kalkulation bedeuten?

- Nachlassregelung

  Diese Thematik hat eigentlich nicht zwingend etwas mit der Option Ausland zu tun, sondern sollte generell im Leben rechtzeitig und juristisch „wasserdicht" geregelt sein. Unterschätzen Sie dieses Thema nicht und kümmern Sie sich bereits jetzt auch darum, welches (nationale) Erbrecht zur Anwendung kommen würde, wenn Sie in Zukunft dann (möglicherweise als Resident) im Ausland leben?

  WICHTIG:

  Auch wenn Ihre wirtschaftliche Situation scheinbar nicht die allerbesten Voraussetzungen erfüllen sollte und Ihr wertvollstes Kapital für die Verwirklichung Ihres Traums von Ausland „nur" Ihr Mut und Ihre feste Entschlossenheit sind, kann dieses Invest viel mehr Bedeutung haben als rein wirtschaftliche Überlegungen!

DRITTENS : Zeitmanagement / time-allocation

Zeitmanagement ist ein wichtiger Teil unseres modernen Lebens geworden und versucht im Grunde genommen nichts anderes, als die Frage zu beantworten, ob ich meine Zeit überhaupt sinnvoll für das Erreichen meiner Ziele einsetze.

Für Ihre ´Option Ausland´ folgt daraus, dass Sie Ihre derzeitige Zeitverteilung (time-allocation) mal „abklopfen" auf vorhandene ungenutzte Zeitfenster und Möglichkeiten, die Sie *ab sofort* für das Vorbereiten Ihres Auslandsvorhabens einsetzen könnten.

- Überlegen Sie zunächst, ob Sie wirklich all das machen müssen, was sich in Ihrem derzeitigen Alltag so eingeschliffen hat. Sind also beispielsweise der wöchentliche Besuch im Fußballstadion, der allabendliche Stammtisch, die Vereinssitzung oder Ihre Clubarbeit wirklich noch "sooo" wichtig oder wäre es nicht sinnvoller, ab sofort eines oder mehrere dieser Zeitfenster dem zu widmen, was jetzt vor Ihnen liegt?

- Wie wär´s , wenn Sie sich *fixe Zeiten reservieren* für ganz gezielte Recherchen im Internet, in der Fachliteratur, zur Herstellung notwendiger Kontakte oder auch (wichtig) zum Erlernen der Fremdsprache?

Überprüfen Sie also mal Ihre derzeitige Zeitverteilung im Interesse Ihres Auslandsvorhabens.

KAPITEL 3 ZIELSTELLUNG – Wo will ich hin ?

Falls Sie sich vorgenommen haben, den Rest Ihres Lebens als Trapper in einer entlegenen Gegend Alaskas „zu genießen“, vielleicht auch als Rentiernomade in der Tundra Sibiriens oder (weil es dort wenigstens warm ist) als „Nugget-Freak“ irgendwo zwischen Ayers Rock und der australischen Westküste rumbuddeln wollen, dann können Sie getrost alles das überspringen, was jetzt noch in diesem Kapitel kommt. Alle anderen Leser aber sollten mit wachem Verstand dabei bleiben!

In diesem Kapitel finden Sie zunächst wichtige Hinweise und Denkanregungen zu den zentralen Lebensbereichen *Beruf, Partnerschaft und Freizeit*.

Sie füllen in unserem Leben die weitaus längsten Zeiträume und ganz gleich, wie der Einzelne dabei seine persönlichen Prioritäten verteilt, können diese zentralen Bereiche von jedem selbst nach individuellen Wünschen und Vorstellungen gestaltet werden. Dabei ist jeder sein eigener Akteur und umso früher man das als Chance erkennt, umso eher kann man *diese gegebene Gestaltungsfreiheit* als wirksames ´Tool´ gezielt einsetzen.

Im Gegensatz zu naiven und oftmals undurchdachten „Auf-und-davon-Szenarien“ sprechen wir im Anschluss daran auch über wichtige *äußere Aspekte* des Lebens im Ausland. Das wird Ihnen dabei helfen, Zusammenhänge zu erkennen, um am Ende dann den (für Sie) richtigen Standort mit den (für Sie) richtigen Lebensbedingungen zu finden!

Ob Sie dann Ihren ganz persönlichen Volltreffer landen, können Sie aber erst mit absoluter Sicherheit bestätigen, wenn Sie Ihr zukünftiges Lebensumfeld auch vor Ort „mit all Ihren Sinnen“ kennengelernt haben.

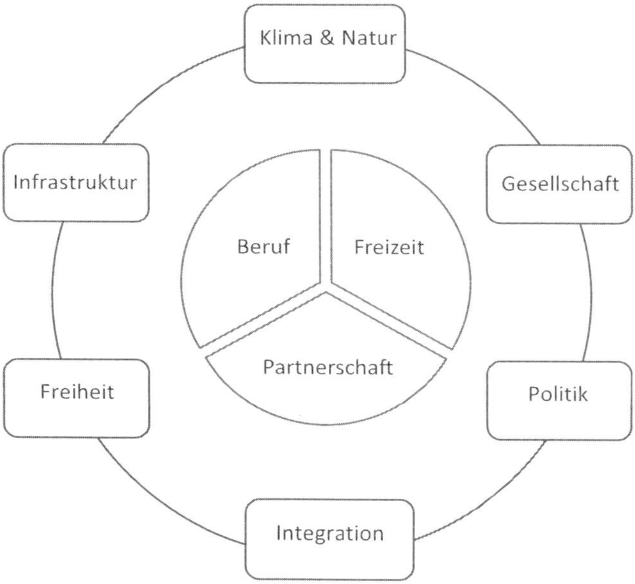

In den ersten beiden Kapiteln (Wer bin ich? / Wo stehe ich?) ging es darum, sich selbst besser kennenzulernen und einen klaren Blick für Ihre derzeitigen Lebensumstände zu bekommen. Nun aber besteht die Herausforderung für Sie erstens darin, Ihren ganz persönlichen *Wünsche-Ziele-Mix* zusammenzustellen, der der Erfüllung Ihrer Träume am nächsten kommt. Zweitens dann – und genau das ist der anspruchsvolle Teil der Aufgabe – sollten Ihre Vorstellungen auch realistisch (also machbar) und in Ihr künftiges Lebensumfeld übertragbar sein, damit die Kombination aus zentralen Lebensbereichen & neuem Lebensumfeld im Ausland Ihre ganz persönliche Erfolgsgeschichte wird!

Um die nötige „Sehschärfe“ dafür zu bekommen, sollten Sie bei allen Überlegungen hinsichtlich Ihrer Zielfindung die nachfolgenden Punkte rund um das Thema ´Ausland´ in ständiger „Sichtweite“ haben:

- Klima / Natur / Geografie
- Politik / Staatsform
- Sprache
- Kultur
- Religion
- Recht / Gesetz
- Bürokratie / de-facto Regulierung
- Ordnung / Sicherheit
- Streitkultur
- Ausländerrechte
- Genehmigungen / Lizenzen
- Dokumente
- Einwanderungs- und Einreisebestimmungen
- Aufenthalts- und Arbeitserlaubnis
- Integration
- Gesundheits- und Sozialwesen
- Bildung
- Finanzen und Steuern
- Banking
- Infrastruktur
- Kommunikation
- Erwerbstätigkeit / Lebensunterhalt
- Lebenshaltungskosten
- Eigentumserwerb
- Freizeitmöglichkeiten
- Ausgangssituation

und..... machen Sie sich an dieser Stelle auch noch einmal Ihr ganz individuelles (mentales und materielles) Potenzial bewusst, indem Sie kurz und zusammenfassend ein zweites Mal für sich selbst beantworten:

- Was motiviert mich – was gibt mir Freude?
- Welche Ziele, Interessen und Überzeugungen habe ich wirklich?
- Was sind meine Stärken – welche Qualifikationen habe ich?
- Welche wirtschaftliche Ausgangssituation habe ich?

Also dann – los geht´s..........

Lebensbereich BERUF

..... meint ganz allgemein die Erwerbstätigkeit für Ihren künftigen Lebensunterhalt im Ausland. Jeder von uns kennt das schon zum Klassiker gewordene Bild von der berühmten Hängematte zwischen zwei Palmen am schneeweißen Südseestrand. Nun – auch sie will erst einmal bezahlt sein..... soll heißen: Die Fiktion (bzw. das Wunschbild) ist als Motivation nur dann sinnvoll, wenn der Kopf in der Realität arbeit! Aber – und das sollten Sie als erste Anregung zum Thema mitnehmen – dieses zeitlos wunderschöne Bild fordert uns geradezu dazu auf, Erwerbstätigkeit immer auch als eine Kombination aus Lebensunterhalt *und* Lebensfreude zu verstehen! Schon die Menschen in der Antike verweisen auf diesen, die Lebensqualität direkt bestimmenden Zusammenhang:

„Wenn Du eine Stunde lang glücklich sein willst, schlafe. Wenn Du einen Tag glücklich sein willst, geh fischen. Wenn Du ein Jahr lang glücklich sein willst, habe ein Vermögen. Wenn Du ein Leben lang glücklich sein willst, liebe deine Arbeit!" (Chinesisches Sprichwort)

OK – Sie wissen ja bereits: der „Trick" *unserer* ´Option Ausland´ ist es, ganz konsequent dran zu bleiben am realen Leben. Und genau deshalb hinterfragen wir in bewährter Weise das Thema ´Geldverdienen´ anhand verschiedener Möglichkeiten, die jedem interessierten Leser gleichermaßen als ´Tool´ für seine Entscheidung zur Verfügung stehen. Ganz sicher wird an irgendeiner Stelle "genauso" oder „sehr nahe dran" auch Ihr ganz persönliches Konzept hier mit hineinpassen. Um Missverständnissen vorzubeugen: Weiter oben haben wir den zentralen *Lebensbereich Beruf* als Erwerbstätigkeit für den Lebensunterhalt erklärt; lassen

Sie uns im Folgenden anstatt von Berufen und Geschäften der Einfachheit halber von ´Tätigkeiten´ sprechen und begleiten Sie uns beim gedanklichen Sortieren.

Die Fragestellung könnte jetzt also lauten: Wie stelle ich mich für meine berufliche Zukunft im Ausland auf und wie finde ich heraus, welche Einkommensoptionen solide Fundamente haben?

Zur Verfügung stehen folgende GRUNDMUSTER:

- Selbstständigkeit oder Arbeitnehmer,
- standortgebundene oder standortunabhängige Tätigkeit,
- Ihre derzeitige Tätigkeit bzw. ein Teilbereich davon,
- Tätigkeitswechsel,
- der „totale cut".

Selbständigkeit oder Arbeitnehmer

Beantworten Sie für sich selbst an dieser Stelle die Frage: Würde für Sie nur ein Arbeitnehmerverhältnis in Frage kommen oder ausschließlich die Selbständigkeit oder sowohl-als-auch (beide Konzepte stehen hier völlig gleichberechtigt nebeneinander)? Diese Basisentscheidung kann auch vom Inhalt einer Tätigkeit bestimmt sein – vor allem aber wird sie von der individuellen Grundhaltung der jeweiligen Person zum Leben insgesamt abhängen. Aber auch äußere Gegebenheiten können die Wahl zwischen beiden Konzepten beeinflussen. Z.B. wird in manchen Ländern die Bewilligung einer längerfristigen oder unbefristeten Aufenthaltsgenehmigung auch abhängig gemacht vom Arbeitsangebot eines einheimischen Arbeitgebers. D.h., die Standortwahl ist rein rechtlich schon an ein Arbeitnehmerverhältnis gebunden. Auch berufliche Selbständigkeit kann an Besonderheiten gekoppelt sein, auf die man schon lange vor dem Tag X vorbereitet sein sollte (z.B. Auflagen zur Schaffung von Arbeitsplätzen; Barvermögen, das als Sichteinlage nachgewiesen werden muss; Mindestinvestitionen; etc.). Welche Bestimmungen im jeweiligen Land den *Zusammenhang zwischen Daueraufenthalt und Erwerbstätigkeit* regeln – dazu recherchieren Sie idealerweise rechtzeitig vorab in diversen Internetportalen, bei den betreffenden Behörden, in den jeweiligen Kultur- und Informationszentren bzw. auch direkt am Wunschstandort (am besten unter Zuhilfenahme professioneller Beratung vor Ort).

Ein anderes wichtiges Stichwort an dieser Stelle ist die Homologation. Informieren Sie sich schon jetzt darüber, ob Ihre bisher erworbenen *zertifizierten* Qualifikationen (z.B. Diplome, Urkunden, Titel, Berechtigungsnachweise etc.) am Zielstandort „einsetzbar" sind, also dort auch offiziell Anerkennung finden und in welchem Umfang.

Standortgebunden oder Standortunabhängig

Für diese Entscheidung stellt sich sofort die Frage nach dem Inhalt der Tätigkeit und dem Vorhandensein der dafür notwendigen (äußeren) Bedingungen (u.a. die Brancheninfrastruktur). So wird ein Chemielaborant immer auch an den Standort gebunden sein, wo alle Laborvoraussetzungen für seine Forschungstätigkeit gegeben sind. Auf der anderen Seite nehmen standortunabhängige Tätigkeiten in der modernen Berufswelt einen immer größer werdenden Raum ein. So reicht z.B. bei dem einen oder anderen „Kreativen“ unter den Marketing- und Kommunikationsprofis schon ein leistungsstarkes Notebook sowie ein ausreichend schneller Internetzugang aus, um an einem beliebigen Ort eine exzellente Unternehmenspräsentation für seinen Auftraggeber „zu zaubern“..... , verkürzt und auf den Punkt gebracht: klassische firmengebundene Tätigkeiten sind in aller Regel standortbezogen. *Outsourcing* oder auch *Home-Office* - Tätigkeiten (z.B. in den Bereichen IT / Büro / Marketing) können Einkommenskonzepte sein, die weitgehend standortunabhängig sind.

Ihre derzeitige Tätigkeit

..... macht Sie alles in allem auch jetzt schon glücklich und Sie suchen Ihren künftigen Lebensstandort unbedingt danach aus, ob Sie diese Erwerbstätigkeit dort ebenfalls ausüben könnten. Besonders interessant wird diese Variante vor allem dann, wenn Sie als erfahrener Fachmann oder Spezialist Ihre Recherche am Bedarf des jeweiligen Landes/der Region ausrichten. In diesem Fall suchen Sie sich also ganz gezielt das Land/die Region aus, wo Ihnen der dortige Arbeitsmarkt die besten Einkommens- und Karrierechancen bietet. Oder - vielleicht ist es ja „nur" ein spezieller *Teilbereich* (oder mehrere), den Sie gerne übernehmen oder behalten würden, weil er Ihnen Spaß macht bzw. weil Sie genau darin besonders erfolgreich sind. Selektieren Sie diesen Teilbereich, um Ihre zukünftige Tätigkeit im Ausland nur noch darauf zu konzentrieren. Auch hier gilt: Wer seine Auslandspläne auf eine ganz bestimmtes Einkommenskonzept ausrichtet, der muss eben schon etwas genauer hinschauen, ob das am jeweiligen Standort dann auch wirklich *machbar* ist.

Anschlussüberlegung: Prüfen Sie, ob Ihre derzeitige Tätigkeit ggf. ganz oder teilweise übertragbar / transportierbar wäre, sowohl materiell als auch geistig bei vertretbarem Aufwand und unter Beachtung geltenden Rechts. Das gehört in diesem Szenario als Recherche-aufgabe ganz oben auf die to-do-Liste, einschließlich einer Kalkulation zu den voraussichtlichen Kosten für eine Übertragung bzw. Wiederherstellung dieser Tätigkeit am Zielstandort.

Tätigkeitswechsel

Für Sie stehen die allgemeinen Lebensbedingungen an Ihrem künftigen Standort absolut im Vordergrund, d.h. unabhängig davon, ob Sie dabei Ihre derzeitige Tätigkeit fortsetzen könnten oder nicht! Mit anderen Worten: Zugunsten optimaler Lebensumstände im Ausland wären Sie grundsätzlich zu dem Kompromiss bereit, in eine *andere Tätigkeit* zu wechseln! In solch einem Szenario könnten Sie dann Ihre Kompetenzen und Fähigkeiten erfolgreich in einer anderen Branche unter Beweis stellen.

Berufliche Neuorientierung

Last but not least - der „totale cut" mit Ihrer bisherigen beruflichen Vergangenheit. Die Suche nach einer ganz neuen Herausforderung ist oftmals ein wichtiges oder das eigentliche Auswanderungsmotiv. Wäre das eine Option für Sie? Falls Ja, dann stellen Sie nochmals klar und ehrlich Ihre Kenntnisse und Fähigkeiten (siehe auch Kapitel 1 soft-skills/ hard-skills) zusammen und wählen Sie dann im Einklang damit für Sie akzeptable alternative (Erwerbs-)Tätigkeiten aus!

Nehmen Sie an dieser Stelle eine generelle Denkanregung und Handlungsempfehlung mit, die einerseits in der Praxis absolut „wasserfest" funktioniert, Ihnen andererseits aber gleichzeitig einen wesentlich entspannteren Umgang mit der Frage nach dem Aufbau Ihres tatsächlichen künftigen Lebensunterhalts gestattet: Stichwort ´Fuß in die Tür´.

Natürlich haben Sie eine ziemlich genaue Vorstellung davon, was Sie eigentlich wirklich machen wollen. Nur - das braucht u.U. eben auch eine gewisse Zeit und nun stehen Sie vor der Wahl:

- Entweder Sie organisieren das Ganze von A - Z peau-a-peau aus der Distanz (z.B. diverse Auslands-Jobportale im Internet) oder durch öfteres hin und her Reisen und packen die Koffer endgültig erst dann, wenn am neuen Standort alles fertig organisiert ist

  oder

- Sie gehen sofort mit gepackten Koffern und bauen am neuen Standort zunächst eine „Einkommens-brücke" auf - als Zwischenschritt sozusagen - bevor Sie dann etwas später zu Ihrer wahren (Wunsch-)Tätigkeit wechseln!

  Oder wie wär´s damit:

- Ankommen und erst einmal irgendetwas beginnen, was als Einkommensquelle *sofort und unkompliziert* in Frage kommt (z.B. in den Branchen Gastronomie, Hotellerie, Handel und Transport, Baubranche, etc.). Die Betonung liegt bei diesem Szenario auf *sofort und unkompliziert*. Das ist besonders für alle diejenigen dringend zu empfehlen, deren finanzielle

Kalkulation eine längere Brücke ohne Einkommen nicht zulässt. Auch wenn diese Überbrückungstätigkeit nicht unbedingt Ihr „Traumjob" sein sollte, so verschafft Ihnen diese Startvariante aber den großen Vorteil, vor Ort ohne Existenzdruck und ohne Zeitstress Ihre ganz individuelle Variante der Kombination aus Lebensunterhalt und Lebensfreude herzustellen!

Verlieren Sie dabei jedoch nie Ihr ehrgeiziges Ziel aus den Augen. Klar ist auch, dass Ihnen diese Zweigleisigkeit am Anfang (Überbrückungsjob hier und Traumjob in Sichtweite) viel Disziplin (!) sowie ein intelligentes Zeitmanagement (s. Kapitel 2 time-allocation) abverlangt. Nutzen Sie diese Brücke auch gezielt für den Aufbau notwendiger Kontakte. Lernen Sie die Gegebenheiten vor Ort kennen und sondieren Sie auf diese Weise Ihre Möglichkeiten. Bei dieser dualen Vorgehensweise versteht es sich von selbst, dass Sie Ihren Überbrückungsjob bis zum letzten Tag mit „Vollgas“ fahren. Der anvisierte Wechsel darf auf jeden Fall erst dann erfolgen, wenn Ihr gewünschter Traumjob Ihre Existenz auch trägt und nachhaltig (!) funktioniert. Mündliche Absprachen und/oder Zusagen sind damit ausdrücklich *nicht* gemeint!

Ein Extrawort zur Berufsgruppe der sogenannten Beamten. Personen, die in dieser Berufsgruppe auch im Ausland wieder tätig sein wollen sollten beachten, dass - nicht immer, aber in vielen Fällen - diese Tätigkeiten auch im Ausland an das Ausüben staatlicher Souveränitätsrechte gebunden sein können (z.B. in Bereichen der öffentliche Ordnung und Sicherheit). Sofern die jeweilige Gesetzgebung des betreffenden Gastlandes einen „Beamtenstatus" für Ausländer überhaupt einräumt, kann das bedeuten, dass der Betreffende hinsichtlich der Zulassungsmodalitäten auch mit der Frage nach dem Wechsel oder der Annahme einer weiteren Staatsbürgerschaft konfrontiert werden könnte. Beispielsweise im Falle einer deutschen Polizeibeamtin, deren Lebenstraum - die Greencard für den unbefristeten Aufenthalt in den USA - wahr wurde und die zu alledem auch noch in ihren geliebten Beruf zurückkehren konnte, diesmal natürlich mit einem Sheriffstern auf der Uniform - Glückwunsch!

Die Berufsgruppe der Beamten kann in unterschiedlichen Kulturen auch einen ganz unterschiedlichen sozialen Status / Rang / Ansehen haben, ganz abgesehen auch von der von Land zu Land sehr verschieden Arbeitsweise. Wie auch immer - hier ist in jedem Fall vorab professionelle Beratung z.B. durch die betreffende diplomatische Vertretung ratsam.

Also - womit wollen Sie Ihre Brötchen verdienen und wo gehören Sie damit am besten hin? Apropos ´Brötchen verdienen´: Insbesondere bei den Erwerbsmöglichkeiten als Arbeitnehmer kann es von Land zu Land erhebliche Einkommensunterschiede auch in der gleichen Branche bei gleicher Tätigkeit geben. Beispielsweise bekommt ein Barkeeper im Vier-Sterne-Hotel am karibischen Traumstrand von Punta Cana (Dominikanische Republik) mit ca. 250,- US-Dollar monatlich etwa 25% vom Monatslohn seines spanischen Kollegen am Mittelmeer. Auf den ersten Blick ist das ein enormer Unterschied, aber klar ist auch, dass Einkommensvergleiche nur in Relation zu den allgemeinen Lebenshaltungskosten vor Ort funktionieren. Es geht uns hier darum, Sie bei Ihrer ganz persönlichen Zielfindung (und damit ist nicht nur der Standort gemeint) auch dafür zu sensibilisieren, den Zusammenhang zwischen dem Tätigkeitswunsch einerseits und dem für Ihren anvisierten Lifestyle notwendigen Einkommen andererseits im Auge zu behalten! Das für Sie notwendige Einkommen muss somit an Ihrem neuen Lebensstandort auch *wirklich* erreichbar sein! Informieren Sie sich also auch darüber, bevor der Zielstandort „festgemacht" wird! Und das gilt nicht nur für den zukünftigen Arbeitnehmer im Ausland, sondern erst recht für alle, die sich im Ausland selbständig machen wollen.

Zum Thema ´Selbständigkeit im Ausland´ sollten Sie auch die folgenden Hinweise unbedingt ernst nehmen und berücksichtigen:

- Schauen Sie sich Ihren künftigen Geschäfts- und Lebensstandort *vor* einer endgültigen Entscheidung *persönlich und vor Ort* an..... und zwar sowohl während der Saison als auch danach, in der „sauren – Gurken-Zeit"!

- Beobachten Sie selbst den dortigen Markt für Ihre Geschäftsidee!

- Vertrauen Sie ausschließlich Ihren eigenen Erkenntnissen und niemals dem „rosaroten-No-Problem-Gequatsche" diverser „netter Tischbekanntschaften"!

- Stellen Sie Ihre eigene „worst-case-Kalkulation" auf, in der ebenfalls eine Brücke ohne Einkommen von mindestens einem Jahr enthalten sein sollte! Vergessen Sie in dieser Kalkulation auf gar keinen

Fall das ganze Thema ´Steuern und Abgaben´, Standortgebühren, Mieten, Strom, Wasser, Müll, notwendige bzw. vorgeschriebene Versicherungen, Notfallreserven, etc.!

- Leisten Sie sich (und auch das sollte auf jeden Fall Teil Ihrer Investkalkulation sein) für die administrative Vorbereitung Ihres Geschäfts einen vor Ort ansässigen professionellen Rechtsbeistand!

Hinweis an dieser Stelle: Niemand weiß wirklich ganz genau, wie das Leben so spielt und welche Überraschungen es mitunter für den einen oder den anderen noch bereithält. Auch eine ´Option Ausland´ kann in Ausnahmefällen für manche Menschen mal an einen Punkt kommen, wo eine temporäre oder endgültige Rückkehr in die Heimat notwendig wird. Man sollte also niemals „offene Rechnungen" zurücklassen, die sich bei einer eventuellen Rückkehr als ernsthaftes Problem „zurückmelden" könnten!

FAZIT :

Entweder

- Sie nehmen Ihren Traumjob mit an einen Ort, der alle „local-specials“ (d.h., es sind alle notwendigen Bedingungen vor Ort vorhanden) für den Erfolg Ihrer Tätigkeit bereithält

  oder

- Sie suchen sich einen „full-scale“ Standort aus, der nicht nur alle Ihre Wünsche hinsichtlich Ihres anvisierten Lifestyles erfüllen kann, sondern gleichzeitig eine außerordentlich große Branchenvielfalt aufweist (eben „full-scale“). Ein solcher Standort bietet per se gute Chancen und Möglichkeiten eine Tätigkeit zu finden, die zu Ihren Kenntnissen und Fähigkeiten passt.

Lebensbereich PARTNERSCHAFT

Eine Partnerschaft sollte keine Fassade sein, hinter der der eine lacht, während der andere weint.

Lassen Sie uns zunächst davon ausgehen, dass Sie in einer alles in allem guten Partnerschaft leben, in einer intakten Beziehung, die auf einem soliden Fundament steht. Vieles hat sich im Laufe der Zeit eingespielt und bewährt. Jetzt aber sollten Sie auf das vor Ihnen liegende ´Abenteuer Ausland´ schauen. Was Sie da möglicherweise gemeinsam vorhaben wird ganz neue Anforderungen an Ihre Beziehung stellen!

Vielleicht liegen die Dinge bei Ihnen aber auch anders und Sie verbinden den gemeinsamen Gedanken an ein Auslandsvorhaben ganz bewusst mit der Hoffnung, Ihre Partnerschaft neu zu entdecken - quasi die „Reset-Taste" zu drücken. Sollten Sie diesen Schritt demnächst wirklich gemeinsam gehen, ist die Chance sehr groß, dass Sie Ihre Beziehung aus einer anderen Perspektive neu für sich entdecken.

Wie dem auch sei - mit einem Neustart im Ausland kann ein neues Lebensgefühl in Ihnen wach werden und ganz individuelle Gestaltungsmöglichkeiten für Ihre Beziehung freisetzen! Vergessen Sie also den „Rückspiegel" und schauen Sie nach vorn in eine gemeinsame Zukunft. Jetzt kommt es für Sie darauf an, sich wieder ganz bewusst zu machen:

- was Sie wirklich verbindet,
- was Ihre Beziehung stark macht und
- wie Sie sich für Ihre Partnerschaft motivieren.

Denken Sie dabei an Ihre gemeinsamen Überzeugungen, Wertvorstellungen, an Ihre Ziele und Erwartungen, an Ihre beruflichen Interessen und die gemeinsame Freizeitgestaltung. Die Beantwortung all dieser Fragen wird Ihnen Gewissheit und Sicherheit im Hinblick auf die notwendige Stabilität Ihrer Partnerschaft für das bevorstehende Auslandsvorhaben geben.

Beide Partner sollten sich jeweils selbst hinterfragen, ob sie in der Lage dazu sind - wann immer es darauf ankommt - sich zu ergänzen und „positiv aufzuladen"! Dazu gehört auch der *konstruktive* Umgang miteinander. Gerade der Zusammenhang zwischen einer gemeinsamen Zielstellung für das weitere Leben und den Details im Ausland führt zu wichtigen Entscheidungen, die auch mal von dem einen oder vom anderen Partner Kompromissbereitschaft abverlangen können. Selbst unter den Bedingungen einer idealen Partnerschaft müssen hin und wieder Prioritäten gesetzt werden. Eine stabile Partnerschaft wird intelligenterweise damit so umgehen, dass beide Partner mit diesem Prioritäten-Kompromiss gut leben können, indem sie diese Situation in eine Chance für beide umbauen! Kompromisse im Sinne eines „notwendigen Übels" oder längere Stressphasen in der Beziehung haben im Denken dieser Menschen keinen Platz. Sie finden immer eine alternative Lösung, die das Wir-Gefühl in keiner Weise beeinträchtigt! Die vielleicht wichtigste Voraussetzung dafür ist, dass man sich selbst und den Partner wirklich kennt, respektiert und versteht! „Taugt" Ihr Partner als möglicher „Zufluchtsort" auch im Ausland? Vielleicht ist diese Frage *der Knackpunkt überhaupt* zur Beurteilung der „Auslandsfähigkeit" Ihrer Partnerschaft?

Nur die Besonnenen und Vorausdenkenden bereiten sich schon zu Hause mental auch darauf vor, dass sie ihr altes soziales Umfeld nicht mit „einpacken" können. Das sind in der Regel Familienmitglieder, Freunde, Bekannte oder Kollegen, zu denen man ein sehr gutes (vielleicht sogar Vertrauens-) Verhältnis hat. Das geht zwar mit dem bevorstehenden Auslandsvorhaben nicht verloren, aber - und das ist die gedankliche Hürde - wichtige Bezugspersonen im Hier-und-Jetzt sind dann physisch nicht mehr greifbar. Eine wichtige Schulter zum Anlehnen oder die beste Freundin zum gelegentlichen Ausheulen ist dann eben nicht da. Und trotz aller persönlichen Integrationsbemühungen am neuen Lebensstandort im Ausland wird es seine Zeit brauchen (erst recht bei anfänglichen Sprachschwierigkeiten), bis man sich ein neues soziales Umfeld aufgebaut hat.

Und selbst dann noch steht die Frage im Raum: Kann (und will) Ihr Partner (das gilt natürlich vis-a-vis) die Rolle übernehmen, Ihr einziger wahrer „Zufluchtsort“ zu sein? Dem Partner in jeder Situation sein Herz ausschütten zu können, setzt absolutes Vertrauen und Ehrlichkeit in der Beziehung voraus! Selbst schon langjährig gut funktionierende Partnerbeziehungen können im Ausland erstmals in die Situation geraten, den „Stresstest" wirklich bestehen zu müssen. Also - wie groß ist Ihr Herz bzw. das Ihres Partners denn nun tatsächlich? „Taugt“ ER/SIE als intimer Vertrauter, als „sicherer Hafen“, als „feste Schutzburg“, als „verlässlicher Streicheleinheitenverteiler“, als „Blitzableiter mit Wegsteckpotenzial".....? Halten Sie das wirklich aus ? Das sollten sie beide auf jeden Fall !

Das ganze Gegenteil dazu sind sogenannte falsche oder faule Kompromisse. Vor allem in noch jungen Beziehungen sind Partner viel eher dazu bereit, zu weit gehende und damit eigentlich inakzeptable Zugeständnisse zu machen, nur um den anderen nicht zu verärgern bzw. nicht zu enttäuschen. Meistens jedoch führt dies leider auch dazu - sei es aus naiver Liebe, falsch verstandener Rücksichtnahme oder aus Angst, den anderen zu verlieren - , dass sich mit der Zeit eine Schieflage aufbauen kann bis hin zum unvermeidbaren „crash“. Bedenken Sie hierzu folgendes: Gerade bei noch frischen Bindungen ist die Beziehung oftmals von Euphorie getragen. Das äußert sich möglicherweise in einer gewissen Unbekümmertheit, die zu einer unzureichenden mentalen Einstellung auf das ´Abenteuer Partnerschaft im Ausland´ führen kann und mehr oder weniger unbewusst mit „..... wir lieben uns und vor uns liegt die ganze Welt.....“ überspielt wird. Vorsicht (!) vor diesen emotionalen Fallen, denn sollte es wirklich mal zum „showdown“ kommen, dann wahrscheinlich auch noch weit entfernt vom so vertrauten alten sozialen Umfeld!

Na – wie sieht es damit bei Ihnen aus? Ist alles im „grünen Bereich“? Falls noch nicht ganz..... hier noch ein Ratschlag, der sich in der Praxis des Auswanderns bei Beziehungsfragen schon vielfach als Rettung bewährt hat:

Mal ganz nahe am Leben gesehen..... Ein Pärchen - der eine will unbedingt seinen Auslandstraum leben, weil er weiß, alles andere würde ihn/sie für das weitere Leben unglücklich sein lassen. Der andere will (im Interesse der Partnerbeziehung) zwar auch mit, ist aber emotional noch sehr stark mit der eigenen Familie oder Freunden verbunden, was für diesen Partner ein Leben im Ausland z.Zt. noch relativ schwer vorstellbar macht. Klar, hier muss eine Lösung her und zwar noch *bevor* es wirklich losgeht! Und wie? Jetzt die „Reißleine ziehen“ und Trennung? Eine radikale Entscheidung mit „entweder - oder" muss nicht immer die einzige Konsequenz sein, erst recht nicht in einer alles in allem gut funktionierenden Beziehung.

Wie wär`s damit: Stichwort Zwischenschritt

Falls die Dinge wirklich in die falsche Richtung laufen könnten, wäre es doch allemal sinnvoll, einer ausreichend langen Probierphase mit freier Entscheidung den absoluten Vorrang zu geben gegenüber einem schnellen „rien ne va plus" (nichts geht mehr)! Sich selbst und der Partnerschaft diese Chance zu geben - auch das zeichnet eine starke Beziehung aus.

Idealerweise haben beide Partner ein weitgehend übereinstimmendes Wunschbild von den gewollten Lebensbedingungen im Ausland vor Augen. Dieses Wunschbild setzt sich aus drei großen Komponenten zusammen:

- klar definierte berufliche Ziele beider Partner,
- ihre privaten Interessen (Freizeitgestaltung, Hobbys, Sport, Kultur, etc.) und
- die Übereinstimmung hinsichtlich dem Vorhandensein bzw. der Akzeptanz wichtiger äußerer Aspekte am neuen Lebensmittelpunkt im Ausland.

Diese drei großen Komponenten füllen quasi die Überschrift dieses 3. Kapitels aus – die Zielstellung also – die sozusagen als gemeinsames Idealbild dann auch das weitere gemeinsame Handeln zur Verwirklichung des Auslandsvorhabens bestimmen sollte. Die Betonung des ´Gemeinsamen´ bedeutet allerdings nicht automatisch, dass beide Partner auch die gleichen Interessen in allen Fragen haben müssen. Das wäre keine zwingende Voraussetzung für die Stabilität einer Partnerschaft – wohl aber das Respektieren und Akzeptieren der Individualität des Partners.

Soweit – so gut. Bisher sind wir in unseren Betrachtungen von einer Partnerbeziehung zwischen Personen ausgegangen, die im gleichen gesellschaftlich-kulturellen Umfeld aufgewachsen sind und natürlich auch die gleiche Muttersprache sprechen. Aber was passiert, wenn die ganze Geschichte international bzw. interkulturell wird?

Neuer Ausgangspunkt: Mixed Partnership

Was bisher zum *Lebensbereich Partnerschaft* gesagt wurde, gilt natürlich auch für eine Partnerschaft zwischen Menschen aus verschiedenen Ländern, Kulturkreisen, Religionen oder ethnischen Zugehörigkeiten.

Ein „gemischtes Duo“ kann eine der schönsten Beziehungen überhaupt sein und wer selbst so lebt weiß, wie erfrischend anders das Leben von einem Tag auf den anderen sein kann. Dahinter steckt erst einmal eine gehörige Portion Neugier und Mut – viel positive Energie also –, denn es gibt immer wieder Neues und Interessantes zu entdecken. Hier ist es nicht mehr Nachbars Tochter, die man schon aus der gemeinsamen Schulzeit her kennt. Nein, das ist `ne andere Dimension! Das unglaubliche Prickeln, das Menschen quer durch alle Altersgruppen empfinden, wenn sie sich auf eine Mixed Partnership einlassen, führt in einer solchen Beziehung fast immer zu einer starken Du-und-Ich-Faszination. Diese Verbindung – weit jenseits der ehemals so vertrauten „Dorfkirche“ – wird ihren besonderen Reiz nie verlieren und kann die Flamme des ersten Augenblicks über Jahrzehnte am Brennen halten.

Das wortwörtliche Hand-in-Hand-Gehen unterschiedlicher Kulturen (die *sehr ähnlich* bis hin zu *völlig verschieden* sein können) kann vor allem zu Beginn von beiden Partnern einen großen Energieaufwand erfordern. Für die Zukunftstauglichkeit (d.h. für die Stabilität) einer Mixed Partnership wird die Sprache – allem anderen vorangestellt – zur wichtigsten Herausforderung für beide. Dabei ist es immer von Vorteil, neben einer gemeinsamen Umgangssprache (z.B. Englisch) auch die Muttersprache des Partners zu erlernen. Das ist vor allem dann sinnvoll, wenn man sich für ein gemeinsames Leben in der Heimat des Partners entscheidet. Möglicherweise kann man da anfänglich noch mit ein paar Brocken

Englisch zurechtkommen. Aber spätestens dann, wenn es um familiäre Traditionen und Bräuche geht, ist „mit Händen und Füßen“ bzw. mit den letzten Englisch-Erinnerungen aus der Schul-(Stein-)Zeit nichts mehr zu machen. Nur mit ausreichenden Kenntnissen der Muttersprache kann man in dieser Situation das gesellschaftliche Umfeld überhaupt verstehen lernen.

Genau an diese Stelle passt noch ein weiterer Gesichtspunkt, der nicht nur innerhalb der Partnerbeziehung eine bestimmende Rolle spielen kann, sondern auch bei der Standortauswahl im Ausland – der religiöse Glaube! Auch unter den Bedingungen einer modernen, offenen und aufgeklärten Welt kommt es im Vergleich zu einheimischen Partnerschaften bei den Mixed Partnerships immer noch viel häufiger vor, dass starke (ggf. sehr unterschiedliche !) religiöse Komponenten eine Rolle spielen können. Ohne diese (echte) Problematik hier vertiefen zu wollen - klären Sie (sofern Sie sich in dieser Situation befinden) *im Vorfeld* Ihres Auslandsvorhabens alle Details, die hinsichtlich der künftigen Stabilität Ihrer Partnerschaft sowie hinsichtlich Ihrer Standortauswahl religiösen Bezug haben könnten. Nehmen Sie diesen Hinweis ernst, denn nur wenn *beide* mit der gegebenen Situation 100%ig leben können macht das gemeinsame weitere Vorgehen auch Sinn.

Für den Fall, dass man seinen ausländischen Partner noch „im alten Leben" kennengelernt hat, gehören zu dieser Ausgangssituation insbesondere auch die nachfolgenden Überlegungen:

Einerseits könnte man sich gemeinsam dafür entscheiden, in das Heimatland des Partners zu gehen. Solche Partnerschaften haben immer dann ein Happy-End, wenn man sich völlig klar darüber ist, dass man nicht nur SIE oder IHN an seiner Seite haben will, sondern auch „ihre/seine Welt“!

Niemand kann das aus der Entfernung für sich selbst wirklich beantworten. Mit anderen Worten: IHR oder IHM zu folgen wird immer dann gut gehen, wenn man sich vorab selbst und an Ort und Stelle ausreichend mit den Lebensbedingungen vertraut gemacht hat und nach dieser „Entdeckungsreise" *beiderseits* ein deutliches JA steht! Für den *jetzt ausländischen* Partner bedeutet das, sich möglichst schnell in der neuen Heimat einzugewöhnen bzw. zurechtzufinden sowie die gesellschaftlichen Regeln (Werte, Kultur, Moral etc.) kennen- und respektieren zu lernen. Trotzdem aber sind natürlich auch im Ausland für das Leben innerhalb einer Mixed Partnership die eigenen vier Wände derjenige Freiraum, wo Prioritäten und Aufgaben eventuell auch ganz neu verteilt sein können. Je nach dem Rollengefüge zwischen beiden kann das häusliche Zusammenleben von der Kulturwelt des *jetzt ausländischen* Partners oder aber von der traditionellen Lebensweise vor Ort bestimmt sein. Wie immer das im konkreten Fall auch sein mag, bedenken Sie dabei auch folgendes: Ganz gleich, wie modern oder wie kosmopolitisch man sich selbst finden bzw. fühlen mag – *niemand* kann wirklich aus seiner althergebrachten „kulturellen Haut" völlig heraussteigen!

*Andererseit*s könnten Sie sich auch gemeinsam dafür entscheiden, in ein Drittland (also nicht in das Heimatland eines Partners) zu gehen. Sinnvollerweise sollten Sie hier ein Land auswählen, in welchem *eine* Ihrer jeweiligen Muttersprachen gesprochen wird. Bei dieser Variante bedeutet der Wegfall der Sprachbarriere die Chance für einen der beiden Partner, sofort voll einsteigen zu können! Sollte am gewünschten Zielstandort keiner der Partner die Landes- oder öffentliche Verkehrssprache sprechen, wäre es in dieser Situation ratsam, *gemeinsam* die dortige Landessprache idealerweise schon vorab und mit möglichst gleicher Intensität zu erlernen.

Auf der Suche nach einem geeigneten Drittland steht unser „gemischtes Duo“ (neben allem, was bisher gesagt wurde bis hin zur Kommunikationsproblematik) natürlich auch vor der Entscheidung, welcher Kulturkreis *von beiden gleichermaßen* erwünscht und/oder akzeptiert wird!

Anpassungsfähigkeit und kulturelle Toleranz bei der Integration in das neue Lebensumfeld sowie Akzeptanz und gegenseitiger Respekt in der Partnerbeziehung - das sind die Zauberworte, die auch und erst recht in einer Mixed Partnership zum Happy-End führen. Im Idealfall leben beide miteinander in einem harmonischen Kultur-Mix, was sicherlich eine der prickelndsten Beziehungsformen in unserer modernen Welt sein kann.

Auch für viele *alleinstehende* Menschen - eine weitere Ausgangssituation beim Thema Mixed Partnership - ist der Wunsch nach einer Partnerschaft Teil ihres Auslandsvorhabens. Mehr als für Paare, die ins Ausland gehen, ist für Singles dabei die möglichst schnelle Herstellung ihrer wirtschaftlichen und emotionalen (!) Stabilität wichtig, denn sie haben ja „nur“ sich selbst (!)..... zumindest am Anfang. Bei einigen werden dabei möglicherweise der Beruf und die Freizeit zunächst im Vordergrund stehen, bevor sie sich dann später für eine ernsthafte Partnerschaft am neuen Lebensstandort entscheiden.

Für andere wiederum ist der Wunsch nach Zweisamkeit *die zentrale Motivation* für ihre ´Option Ausland´. Exotische Ziele in Fernost, in Süd- und Mittelamerika oder z.B. auch in der Karibik können für Singles auf Brautschau eine echte Alternative sein.

Aber bei aller Faszination und „Schmetterlingen im Bauch" - schauen Sie ruhig genau hin bei allem gebotenen Respekt. Sprechen Sie mit Ihrem Traumpartner über alle für Sie wichtigen Details Ihres gewünschten „Partnerschafts-szenarios". Es soll ja im Nachhinein keine versteckten Überraschungen geben, die die Beziehung dann in ein „..... ja, wenn ich das vorher gewusst hätte....." - Korsett pressen würden. Aufgepasst (!) und nur für den Hinterkopf: Wer dort als (erkennbar „westlicher") Ausländer unterwegs ist, dem fliegen die Sympathien oftmals (scheinbar) nur so zu - soll heißen: Es ist völlig normal, dass man dort von vielen Menschen auch als „prall gefüllter Tresor" wahrgenommen werden kann, der irgendwie „geknackt" werden sollte, solange er in Reichweite ist. Und da macht es erst einmal überhaupt keinen Unterschied, ob einer nur mal eben so im Urlaub unterwegs ist oder mit deutlich ernsteren Absichten. Und das ist auch völlig normal, weil für „Pretty Woman" in der Regel (natürlich gibt es auch immer und überall Ausnahmen) der erhoffte Nutzen für sie und ihre Familie absolut im Vordergrund steht!

Appell an dieser Stelle: Sich im exotischen Ambiente zu verlieben, wird einem dort vergleichsweise leicht gemacht. Aber seien Sie nicht leichtgläubig oder naiv und prüfen Sie mit Hilfe Ihrer eigenen Lebenserfahrung genau (das dauert seine Zeit!), ob die ganze Sache auch bei Ihr/Ihm ein wenig herzgesteuert ist oder nur ein reines „Geschäftslächeln"!

Unser ausländischer Gigolo wäre auch gut beraten daran zu denken, dass hinter seiner Auserwählten dann möglicherweise noch eine (größere) Familie steht, die ganz selbstverständlich von diesem „Geschenk Gottes" (finanzielle) Hilfe für die Dinge des Alltags erwartet. Als Gegenleistung wird man mit Argusaugen darüber wachen, dass dem vermeintlichen Goldesel keine Gefahren drohen. Kurz: In so manchen Ländern kann es vorkommen, dass man auch bei einer auf seriöse Absichten gegründete Partnerschaftssuche ganz automatisch eine ganze Familie mit dazubekommt!

Sei`s drum!..... Viele alleinstehende Menschen in allen Altersgruppen entscheiden sich ganz bewusst *für* diese exotische Variante einer Partnerschaft. Auch deshalb, weil dort einerseits Beziehungen scheinbar "einfacher" zustande kommen können. Andererseits erlauben die möglicherweise deutlich günstigeren Lebenshaltungskosten gerade auch den Singles mit kleineren Budgets, wieder eine Partnerbeziehung zu finanzieren bzw. sogar einen neu zu begründenden Familienhaushalt!

Hinweis an dieser Stelle und damit auch abschließend gesagt: Es kommt vor, dass mancher Newcomer-Single im Ausland noch ein wenig an seinen Kontaktfähigkeiten zweifeln mag. Die beste „Medizin" in diesem Fall: Stellen Sie dem ganzen Ablauf noch einen wichtigen Baustein voran, indem Sie sich schon vor den ersten „dates" den *Basiswortschatz der jeweiligen Umgangssprache* aneignen und mit der Mentalität der Menschen vertraut machen.

Ja.......... und dann ist er irgendwann gekommen.......... der Abend, an dem Sie Hand in Hand mit Ihrer neuen Liebe am Strand dem Sonnenuntergang entgegengehen.......... begleitet von Louis Armstrong`s weltberühmter Melodie....."What a wounderful world"..........

Versuch eines Fazits :

„Gehe ich vor Dir, dann weiß ich nicht, ob ich Dich auf den richtigen Weg bringe. Gehst Du vor mir, dann weiß ich nicht, ob Du mich auf den richtigen Weg bringst. Gehe ich neben Dir, werden wir gemeinsam den richtigen Weg finden."

(Aus Afrika)

Lebensbereich FREIZEIT

Jetzt einzelne Freizeitaktivitäten aufzählen - Unsinn,..... zu viele für zu viele verschiedene Persönlichkeitsprofile. Wir starten ganz anders!

Verständigen wir uns hier zunächst darauf, dass Freizeit - ganz allgemein gesagt - den Teil unserer (Lebens-)Zeit meint, den wir nicht irgendeiner beruflichen Tätigkeit widmen. Der ´Lebensbereich Freizeit´ ist in der heutigen Zeit ein wichtiger Bestandteil unserer Lebensqualität geworden und gewinnt immer mehr an Bedeutung. Mehr noch! *Freie Zeit* bedeutet vor allem „Ich-Selbst-Zeit".

Die in unserer modernen Welt vorhandenen Möglichkeiten zum Ausleben aller nur denkbaren individuellen Interessen gibt quasi jedem die Chance, sich seinen ganz persönlichen „Freizeit-Fun-Cocktail" zusammenstellen zu können. Lifestyle und Lebensart - die passenden Stichworte dafür - sind ja mittlerweile geradezu Synonyme geworden für Freizeitaktivitäten im Sinne *selbstbestimmt gestalteter Lebenszeit*. Aber wie gehen wir denn eigentlich mit dieser individuellen Freizeit-Freiheit um?

Bewusst und selbstbestimmt lebende Menschen verstehen Freizeit vor allem als eine wichtige Quelle der Lebensfreude. Und dazu gehören selbstverständlich erst recht auch alle diejenigen, die ihre Wünsche nach Selbstverwirklichung mit einem Leben im Ausland verbinden! Für diese Menschen ist im Kontext unseres Buches der ´Lebensbereich Freizeit´ zur entscheidenden Motivation für ihr Auslandsvorhaben geworden, weil sie ihren Wunsch nach dem Vorhandensein ganz bestimmter Freizeitmöglichkeiten in den Mittelpunkt ihrer Suche nach mehr Lebensqualität gestellt haben! Die am neuen Lebensstandort im Ausland dann tatsächlich vorhandenen, vielseitigen Gegebenheiten zur Verwirklichung der eigenen Persönlichkeit tragen bei diesen Menschen ganz unmittelbar zum positiven Lebensgefühl bei, das sich dann auch auf alle anderen Lebensbereiche überträgt! Und ganz genau das ist *der entscheidende Gewinn* an Lebensqualität!

ERSTER GEDANKE

Bisher hieß Ihre wichtigste (zugeteilte) Freizeit wie?..... Natürlich, der Jahresurlaub. Endlich raus aus dem „Hamsterrad" und mit Vollgas rein in´s Holiday-Vergnügen..... Sonne, blauer Himmel, Meer und Berge.....

Ok – es liegt im Leben immer nur an uns selbst! Wer das ganz bewusst auch für sich akzeptiert weiß, auch dieses „easy-living"-Lebensgefühl entsteht nur dann, wenn der Kopf es auch so will ! Das ist die eine Seite der Medaille. Die andere Seite aber sind ganz klar die speziell nur auf Sie passenden ´Äußeren Aspekte´(auf deren Auswahl wir weiter unten noch ausführlich eingehen). Wer das wirklich so will, dem bietet ein intelligentes Auslandsvorhaben immer auch die Chance, künftig in einem Umfeld zu leben und zu arbeiten, das man dann ganz individuell als permanentes „Holiday-Feeling" empfindet. Könnte Ihnen das gefallen.....?

Die richtige Zielstellung für das weitere Leben zu definieren – und genau das ist das Thema in diesem Kapitel - bedeutet im Kontext unserer ´Option Ausland´ in erster Linie die Entscheidung über den richtigen Standort! Das ist nicht nur eine Schön-Wetter-Entscheidung. Nein - da geht es um viel, viel mehr. *Der einzig richtige Platz* für Ihr künftiges Leben ist genau der, an dem Tag für Tag auf´s Neue *in Ihrem Herzen die Sonne aufgeht* ! Da passt dann eben auch alles zusammen - der Job, die Freizeitmöglichkeiten und das ganze Ambiente drumherum. Da ist schon die morgendliche Tasse Kaffee auf der Terrasse der erste „Wellnes-Event" und zwar nicht nur am Freizeit-Wochenende, sondern auch sonst vor der Fahrt ins Büro!

Unser Vorschlag: Machen Sie dieses Rundum-Wohlgefühl zur wichtigsten Bedingung (!) für Ihre Standortentscheidung.

Beginnen Sie damit, Ihren künftigen Wohn- und Arbeitsstandort so auszuwählen, dass Sie bereits auf dem Weg zur Arbeit ganz spontan ein angenehmes Gefühl empfinden, weil Sie beispielsweise Tag für Tag auf einer herrlichen Küstenstrasse entlang fahren..... oder vorbei an einem zauberhaften Bergpanorama..... oder durch eine wunderschön anzusehende Palmenallee..... oder durch ein Stadtviertel mit gepflegten Parkanlagen..... oder, oder, oder..... Und glauben Sie den Leuten, die diese Erfahrung schon lange vor Ihnen gemacht haben: Dieses „I feel good"-Erlebnis kann einen unglaublich positiv aufladenden Effekt haben, den man dann auch schon mit der Vorfreude auf das kommende Freizeitvergnügen verbindet.

Direkt gesagt: Prüfen Sie alle vor Ihnen liegenden Standortentscheidungen noch einmal dahingehend, inwieweit es Ihnen gelingen kann, in Zukunft dort zu leben, wo Sie ansonsten am liebsten Urlaub machen würden. Das ist kein Scherz!

ZWEITER GEDANKE

Selbstverständlich hat der ´Lebensbereich Freizeit´ auch seine ganz greifbaren Seiten, die wir hier mal unter dem Begriff ´Freizeitmöglichkeiten´ zusammenfassen. Diese heutzutage sehr breite Palette an „after-work"-Aktivitäten, vor allem in den Bereichen Sport, Veranstaltungen, Erlebnisgastronomie, Kunst und Kultur, ist mittlerweile ein ganz selbstverständlicher Teil unseres Lebensgefühls. Klar - das alles passiert nicht im „luftleeren Raum" und es macht deshalb Sinn, einige Eckpunkte zu diesem Thema in Ihre Zielfindungsüberlegungen mit einzubeziehen.

Punkt Prioritäten:

Hier stehen wir erst einmal vor der Frage: Suche ich für mich die Standortbedingungen im Ausland konsequent nach den beruflichen Vorteilen aus oder in erster Linie danach, wie gut ich meine Freizeitinteressen dort ausleben könnte? Oder finde ich wirklich den Ort, wo sich beides optimal verbinden ließe?

Für den Fall, dass man als Paar oder als Familie ins Ausland geht, könnte z.B. auch die Frage aufkommen, welche Freizeitaktivitäten von welchem Partner bzw. von welchem Familienmitglied Vorrang haben. Hier geht es um Entscheidungen, die auch die Lebensqualität beeinflussen können. Empfehlung hier: Recherchieren Sie bei der Auswahl des Zielstandortes, wo die gewünschten Freizeitmöglichkeiten *für alle* vorhanden sind.

Punkt Machbarkeit:

Das Ausüben von Freizeitaktivitäten ist überall und immer auch an gesellschaftliche Rahmenbedingungen gebunden. Frage: Wo also gibt es die gesetzlichen und kulturellen Spielräume für ein ungehindertes Ausleben Ihrer Freizeitinteressen (siehe dazu auch interessante Tipps und Hinweise weiter unten in den ´Äußeren Aspekten´)? Beispielsweise können so manche Sportarten oder Hobbys nur unter entsprechenden geographischen und/oder klimatischen Bedingungen praktiziert werden. Falls das auch auf Sie zutreffen würde – könnten Sie das im Hinblick auf Ihre Zielstellung (einschließlich Ihrer beruflichen Ziele) am künftigen Standort miteinander kombinieren?

Punkt Kosten und Bürokratie:

Freizeitaktivitäten können auch Geld Kosten. Je nachdem, wie unverzichtbar ein Hobby für die betreffende Person ist, kann es sehr vorteilhaft sein, sich von Land zu Land über die anfallenden Kosten zu informieren. Nur als Beispiel: Falls Sie vorhaben, den PPL (Privatpilotenschein) zu machen, um das „Freizeit-Freiheit-Total-Feeling" ein paar hundert Meter höher zu genießen, dann sollten Sie sich die erheblichen Unterschiede für Lizenzgebühren z.B. im Vergleich zwischen Europa und Amerika mal gründlich anschauen. Da kann manch einer auch schon mal ins Staunen geraten, wenn er bei seinen Recherchen bemerkt, dass an seinem künftigen Standort im Ausland Sport- und/oder Freizeitaktivitäten finanziell machbar wären (vielleicht ein eigenes Boot mit Liegeplatz vor der Haustür), die in seinem bisherigen Leben absolut nicht drin waren.

Genau hinschauen ist allemal ebenso empfehlenswert, wenn es um die administrativen Voraussetzungen zur Ausübung von bestimmten Freizeitaktivitäten geht. Was im Land A erlaubt ist, muss deshalb noch lange nicht auch im Land B erlaubt sein. Gerade die Bestimmungen und praktischen Verfahrensweisen für den Erwerb von Führerscheinen, Lizenzen und Erlaubnissen (z.B. im Motorsport, Flugsport, Wassersport, Modellbau, Jagd, etc.) können häufig sehr unterschiedlich sein.

Punkt Freizeit und Integration:

..... Haben Sie auch über diesen Zusammenhang schon einmal nachgedacht? Viele Freizeitaktivitäten finden üblicherweise in der Öffentlichkeit statt und da hat man als Ausländer eben auch eine gewisse Verantwortung bezüglich eines angemessenen Respekts gegenüber den traditionellen / kulturellen Gegebenheiten vor Ort. Mit anderen Worten: Sie sind als Ausländer im jeweiligen Gastland gerade auch bei Ihrer Freizeitgestaltung immer „ein bisschen Botschafter Ihrer eigenen Kultur"! Und wer da meint, als Ausländer „mal die Sau rauslassen" zu müssen, darf sich nicht wundern, wenn er diesen „Ehrentitel" dann auch hinter vorgehaltener Hand behält. Betrachten Sie Ihre Freizeitaktivitäten auch immer als eine Chance für Ihre Integration. Z.B. so: Vielleicht empfinden Sie ja auch Freude daran, hin und wieder mal in Ihre Freizeit ein kleines „come-together" einzubauen, zu dem auch die einheimischen Nachbarn herzlich eingeladen sind und wo bei Grillsteaks und Fassbier die „internationalen Beziehungen auf Vordermann gebracht" werden!

Punkt Freizeitaktivitäten und Verdienstmöglichkeiten:

Lebensbereich Freizeit hier..... Lebensbereich Beruf da..... irgendwo dazwischen gelangen wir jetzt möglicherweise in einen Bereich, in dem Grenzen auch fließend sein können.

Woran liegt es eigentlich, dass im Vergleich zur Masse der Berufstätigen nur relativ wenige mit ihrem (vormals ausschließlichen) Freizeitvergnügen nunmehr ihren Lebensunterhalt bestreiten(!) und zwar mit ´Lust´ und nicht als ´Last´? Nun, wer die Chance hat, solche Menschen kennenzulernen, wird in der Regel starken Typen (beiderlei Geschlechts) begegnen, die Konventionen per se so nicht für sich selbst akzeptieren. Allzu bekannte „Schäfchen-

Weisheiten“ wie z.B. „das ist doch brotlose Kunst“ oder „lerne lieber einen anständigen Beruf“ oder „Schuster, bleib bei Deinen Leisten" etc., haben in ihrem Leben keinerlei Gültigkeit. Diese Menschen MACHEN, wovon andere allenfalls träumen!

Dazu jetzt noch etwas mehr:

Die favorisierte Sport- und/oder Freizeitaktivität zu einer erfolgreichen Erwerbstätigkeit zu entwickeln (kurz: das Hobby zum Beruf zu machen), braucht andere Voraussetzungen als die - salopp formuliert - übliche Jobsuche. Nur in wenigen Fällen wird dies im Angestelltenverhältnis möglich sein. Das Hobby zum Beruf zu machen wird in der Regel Selbständigkeit bedeuten. So oder so - wer wirklich fest entschlossen ist, sein bisheriges Freizeitvergnügen zur „cash-cow“ zu machen, sollte in dem, was er da bis jetzt so hobbymäßig macht, schon gut sein! Das ist aber erst die halbe Wahrheit. Mindestens genau so unverzichtbar ist die unbedingte Klarheit darüber, dass dieses bis dato „völlig lastenfreie“ Hobby nun Tag für Tag (als Produkt oder Leistung) auch *verkauft* (!) werden muss..... Klingelingeling..... Willkommen in der Welt des Kommerz! Und dazu gehören neben den Schokoladenseiten eben auch die „bitteren Pillen“ (Steuern, behördliche Auflagen, ggf. diverse Abhängigkeiten von z.B. Witterungsverhältnissen, anderen Vertragspartnern, Konkurrenzsituationen, Wettbewerbsdruck, etc.). Soll heißen: Es kommt *ein neues psychologisches Moment* dazu! Der bei einer Kommerzialisierung des Hobbys entstehende Verkaufsdruck darf sich keinesfalls negativ auf die Qualität des Produkts/der Leistung sowie auf die eigene Psyche auswirken. Und niemals sollte die Freude und der Spaß an diesem - nun kommerziell betriebenen - Hobby verloren gehen!

Weg von den zentralen Lebensbereichen und hinein in die ´Äußeren Aspekte ´ eines Auslandsvorhabens sollte Ihnen jetzt allerdings umso leichter fallen, da hier das Aussuchen von den passenden (Lebens-)Bedingungen im Vordergrund steht, die - wie bereits eingangs zu Kapitel 3 gesagt - weitgehend unbeeinflussbar und damit einfach real vorhanden sind.

Klima & Natur - Gesellschaft - Politik - Integration - Freiheit - Infrastruktur (die Reihenfolge ist hier nicht entscheidend)

... sind wesentliche ´Äußere Aspekte´, denen jeder Mensch – egal wo auf dieser Welt – irgendwie ausgesetzt ist. Aber (und das ist der entscheidende Unterschied!), erst in der modernen Welt von heute ist es für immer mehr Menschen möglich, sich auch das natürliche und gesellschaftliche Umfeld den eigenen Wünschen entsprechend auszusuchen. Der Begriff ´Anpassung´ gewinnt damit im Kontext einer ´Option Ausland´ eine ganz neue Dimension, weil man - ganz allgemein gesagt - heutzutage eben dorthin gehen kann, wo das „ganze Drumherum" am ehesten *zu einem Selbst* passt!

Reisagenturen auf jeder Flaniermeile in Stadt und Land, ...zig Werbespots in allen Medien, im Internet und auf jedem Smartphone bis hin zum Griff in die Regale des Supermarktes – der (ganz individuelle) Traum des Menschen von „seinem Paradies" war noch nie vorher so fühlbar, so hörbar, so schmeckbar, so nah und leicht erreichbar wie heute! Ob man es nun will oder nicht, diese Emotionsauslöser zeigen bei den allermeisten Menschen Wirkung. Im Zusammenhang mit dem Anliegen unseres Buches aber treten Sie bitte (gedanklich) drei Schritte von diesen – *für den allgemeinen Konsum geschaffenen* – „Paradiesen" zurück, denn sie sind in aller Regel für Ihre Zielfindung ungeeignet!

Es geht hier vielmehr um die Überprüfung Ihres Bauchgefühls bzw. um den Abgleich Ihres Idealbildes mit der Wirklichkeit. Falls nicht längst schon geschehen, sollte diese Überprüfung auch Inhalt und Aufgabe Ihrer nächsten Reise sein.

Generell ist zu empfehlen: Leisten Sie sich (falls notwendig) vor Ort einen Guide bzw. Dolmetscher oder anderen professionellen Beistand zur Überprüfung von Details. Hören Sie während dieser Zeit beständig „in sich selbst“ hinein, d.h. achten Sie permanent auf Ihre innere „I feel good“-Skala!

Finden Sie nun weitere interessante Details und Hinweise rund um das Thema ´Äußere Aspekte´.

Aspekt KLIMA & NATUR

Warm - kalt - feucht - trocken beschreibt so in etwa die „Zutaten“, die man mehr oder weniger einzeln oder auch im Mix haben kann. Wenn wir die Polarregionen hier in unserer Betrachtung mal einfach beiseite lassen, dann können wir uns zwischen Regionen mit unterschiedlichen klimatischen Verhältnissen entscheiden.

Besonders interessante Kombinationen finden wir in Ländern, die aufgrund ihrer geographischen Lage bzw. der Größe ihres Territoriums gleich mehrere Klimazonen auf ihrem Staatsgebiet vereinen. So kann man beispielsweise im südspanischen Andalusien am Vormittag in den Bergen der Sierra Nevada Ski laufen und dann am Nachmittag am Mittelmeerstrand der Costa Tropical Badespaß genießen. Andere wiederum steigen im winterkalten New York in den Flieger, um dann rund zwei Stunden später im Süden Floridas den Flair der Karibik zu erleben.

Direkt verbunden mit dem Thema Klima sind die Jahreszeiten. Wer auf den Wechsel zwischen Frühling-Sommer-Herbst-Winter nicht verzichten will, sollte sich naturgemäß für Regionen mit gemäßigtem Klima interessieren. Wer allerdings den Schneemann im winterlichen Garten nicht unbedingt braucht, dem bieten sich trockene oder feuchte subtropische Regionen an mit zumeist sommerlichen Temperaturen rund ums Jahr oder aber der Wechsel zwischen Trockenzeit und Regenzeit bei wenig veränderten Temperaturen in den Tropen.

Wie auch immer, jedweder Entscheidung sollte hier ganz allgemein folgender Gedanke vorangehen:

Urlaubsexotik und Ferieneuphorie trüben manchmal den Blick für die Realitäten des Alltags im Paradies. Prüfen Sie für sich selbst, ob Sie bereits ausreichend Klarheit darüber haben, ob die normalen natürlichen und klimatischen Bedingungen an Ihrem Traumziel wirklich *dauerhaft* zu Ihnen passen würden! Diverse informative Internetseiten zu den spezifischen Klimaverhältnissen in den einzelnen Ländern / Regionen helfen Ihnen dabei. Nur als Beispiel: Meeresrauschen und das Tosen der Brandung - natürlich bei Sonnenuntergang auf der Hotelterrasse - sind ein begehrtes Detail der Ferienanbieter..... Aber wollen Sie das wirklich auch später dann in 365 Nächten pro Jahr bei hoher Luftfeuchtigkeit, dazu ungewohnten Tiergeräuschen und Nachttemperaturen ähnlich wie am Tage so um die 30°C ? Oder genau anders herum: Weite Landschaften, saubere Natur und die „wilde Freiheit“ Nordamerikas oder auch Skandinaviens..... relativ kurze Sommer und lange eisige Wintermonate in einer weißen Zauberwelt..... Warum eigentlich nicht, wenn Sie es wirklich lieben? Am besten ist, Sie probieren es erst einmal für etwas längere Zeit aus.

Klar ist auf jeden Fall:

So oder so, schon die richtige *Klima-Entscheidung* kann Ihre Lebensqualität unmittelbar beeinflussen

und

klar ist auf jeden Fall auch: Das gleiche gilt für die richtige *Natur-Entscheidung*!

Wer sich die Freiheit nimmt, über sein Leben selbst zu entscheiden, für denjenigen hält die Natur in ihrer ganzen Vielfalt an irgendeinem Ort auch die *eine* Kombination bereit, die ihn glücklich macht. Im Folgenden sprechen wir dazu einige Szenarien einzeln an, wohl wissend, dass sie in der Natur viel häufiger miteinander bzw. nebeneinander vorkommen.

Auf die meisten von uns üben Meere, Seen und Flüsse - das Wasser eben - eine faszinierende Anziehungskraft aus. Wer dann also in seinem Leben (so wie Sie jetzt möglicherweise?) bei der Frage angekommen ist „Will ich am Wasser leben?“ und diese Frage mit „Ja - aber unbedingt!" beantwortet, der denkt sicherlich nicht nur ans Fische fangen. Die vielfältigen Möglichkeiten, den Gesundheits-, Sport- und Freizeitwert der Wassernähe für sich zu nutzen, d.h. in den Lifestyle zu integrieren, spielen bei dieser Überlegung eine entscheidende Rolle. Wie und für welchen Zeitraum (im Verlaufe eines Jahres) dieser Teil der Lebensqualität zur Verfügung stehen soll, hängt von einer ersten Grundsatzentscheidung ab: *Kalt oder Warm* ? Unser Kurzbegriff *´Kalt´* meint hier die Meeresküsten, Seen und Flüsse in den Regionen mit *gemäßigtem Klima* - also dort, wo es im Hochsommer (sofern es der Sonnengott wirklich mal längere Zeit gut meint) zu Wassertemperaturen zwischen 16°C bis ca. 20°C kommen kann, allerdings ohne Garantie. Wer aber die echte „Warmwasser-Langzeit-Sommer-Badetemperatur-Garantie" haben will, der sollte sich schon zumindest in den *subtropischen Klimaregionen* umschauen, beispielsweise in den Ländern rund um das Mittelmeer. Bereits ab etwa Mitte April erreicht die Meerestemperatur dort vielerorts schon die 20°C Marke, steigt dann ziemlich schnell bis auf etwa 28°C im Hochsommer an und hält dann auch noch bis Ende Oktober/Anfang November sehr angenehme 22°C bis 24°C. Noch mehr - nämlich 12 Monate pro Jahr - „Warmwassergarantie" halten dann nur noch die Gebiete und Regionen nahe bzw. in den *tropischen* Breitengraden bereit. Allerdings gibt es soviel „paradiesischen Wasserspaß" vielerorts dort nicht uneingeschränkt. Anders als in den gemäßigten Klimaregionen oder auch in den meisten mit subtropischen Klima, beherbergen gerade die tropischen

Küsten- und Binnengewässer so manche für den Menschen potenziell gefährliche Tiere, die das Wasservergnügen beeinträchtigen können oder nur mit speziellen Vorsichtsmaßnahmen ermöglichen.

Die zweite wichtige Entscheidung zum Szenario ´*Leben am Wasser*´ ist die Frage nach der Entfernung sowie nach der Erreichbarkeit.

Variante 1: Direkt am Meer kann - wörtlich genommen - bedeuten, dass man permanent jeden Wellenschlag und das Strandleben bis tief in die Nacht hinein hört. Es kann aber auch bedeuten, dass man in wenigen Gehminuten am Strand, am Hafen oder an der Mole ist, ohne sich ständig dieser Geräuschkulisse aussetzen zu müssen. Vor allem Abends und in der Nacht kann das von entscheidender Bedeutung für Ihr Wohlbefinden sein.

Variante 2: Leben in einer „after-work"-Distanz zum Meer. Hier reden wir über die Möglichkeit, mal schnell die 5, 10 oder maximal 15 Autominuten bis ans Meer zu fahren, wann immer man Lust dazu hat. Für alle, die den Zauber aus der Verbindung zwischen Meernähe und dem nahen Hinterland leben wollen, geht das dann natürlich auch direkt nach Büroschluss, inklusive Sunset-Romantik und Bacardi-Feeling.

Variante 3: Nennen wir es mal die „weekend"-Distanz, also ca.1 bis maximal 1,5 Autostunden bis zum Strand. Diese Entfernung ermöglicht immer auch noch zwischendurch den Spaß am Wasser. Alles, was weiter entfernt ist, hat wohl mit einem Leben am Meer/am Wasser nichts mehr zu tun und begrenzt diese Möglichkeit allein auf die Urlaubstage.

Variante 4: Wer im Innland am Wasser bzw. in Wassernähe leben möchte, also am See oder am Fluss, der sollte auch daran denken, dass vielerorts die Seen - und Flusslandschaften möglicherweise auch intensiv für den Gütertransport, die Ausflugs- und Passagierschifffahrt und diverse Motorwassersportarten genutzt werden. Binnengewässer können zudem auch Trinkwasserreservoire mit strengen Auflagen und Nutzungsbeschränkungen sein oder sich in geschützten Naturreservaten befinden.

Anmerkung dazu: Meeresküsten, See- und Flussufer können in sehr eindrucksvollen, von der Natur „hingezauberten" Formen auftreten. Das eigentliche Vergnügen für Groß und Klein, Jung und Alt sollte aber auch nutzerfreundlich sein, besonders für Kinder (z.B. flacher Strand, Notfallversorgung usw.). Wie steht es um die Sauberkeit des Gewässers und ist die umgebende Natur insgesamt intakt? In welcher Distanz zum Wasser gibt es möglicherweise Industrieanlagen? Und was ist im jeweiligen Land oder in der Region eigentlich generell erlaubt oder verboten in Bezug auf Wassersport und Freizeitmöglichkeiten? Informieren Sie sich auch über solche vermeintlichen Nebensächlichkeiten. Sie wissen ja, der Teufel steckt bekanntlich im Detail.

Eine weitere Entscheidung betrifft die natürliche Umgebung. Die Meeresküste, Seen- und Flusslandschaften können umgeben sein von/bzw. eingebettet sein in eine „weiche" Umgebung (also flache oder sanfte hügelige Landschaften) oder aber in bizarre wilde Berglandschaften; sie können je nach Jahreszeit üppige Vegetation aufweisen oder auch einen trockenen, halbwüstenartigen Charakter haben.

Ein gutes Beispiel dafür bietet das subtropische Klima an der spanischen Mittelmeerküste. Während die nördlichen Küstenregionen Costa Brava und Costa Blanca noch ausgedehnte grüne Vegetation (meist Pinienwälder) bis hinunter ans Meer aufweisen, ist es ein paar Autostunden weiter südlich an der Costa Calida fast das ganze Jahr über warm und trocken mit der Folge, dass die Landschaft eine überwiegend halbwüstenartige Vegetation zeigt.

Zu den „großen Szenarien" zählen auch solche grundlegenden Entscheidungen wie das Leben auf dem Festland oder auf einer Insel, in den Bergen oder in einer vorwiegend flachen Landschaft. Insellage und Bergwelt erfordern vor allem Informationen zur dort vorhandenen Infrastruktur (allgemeine Versorgungsbedingungen), zu den Kommunikationsmöglichkeiten sowie generell zur Erreichbarkeit auch unter schwierigen Wetterbedingungen.

Eine weitere Option ist das Leben entweder in weitgehend ursprünglicher Natur oder aber umgeben von Kulturlandschaften. Vor allem in den entwickelten Industriestaaten der gemäßigten Klimazonen existieren vielerorts ausgedehnte Waldbestände und Landwirtschaftsflächen in Nachbarschaft nebeneinander - nur eben, das echte „wildlife-feeling" kann allerdings erst dort aufkommen, wo die Kulturspuren des Menschen zumindest außer Sichtweite sind. Wer hierauf besonderen Wert legt, muss schon mal etwas genauer auf die Karte schauen.

Und dann ist da noch die Frage nach der Tierwelt in der uns umgebenden freien Natur. Das Thema ´giftiges bzw. gefährliches Getier´ ist bewusst oder instinktiv in jedem Menschen präsent. Egal wie und warum - irgendwie haben wir alle Sympathien oder Aversionen in Bezug auf alles, was da so kreucht und fleucht. Allerdings ist unsere individuelle Toleranzfähigkeit dort gefordert, wo es wirklich in der freien Natur giftiges/gefährliches Getier gibt, erst recht, wenn es schon in die verschiedenen Lebensräume des Menschen vorgedrungen ist bzw. in dessen Nachbarschaft „lauert" (Natürlich ist immer der Mensch der Eindringling; aber das ist hier nicht unser Thema).

Einfache Logik: Je wärmer und je feuchter eine Region/ein Gebiet ist, umso größer ist die allgemeine Artenvielfalt, auch die für den Menschen potenziell gefährliche! Mit anderen Worten: Eine Wanderung in den Wäldern Mitteleuropas ist eine herrlich entspannte Sache, durch die Wälder Nordamerikas eine womöglich „bärige" Angelegenheit und durch den Urwald Brasiliens ein potenziell bedrohliches Unternehmen, zumindest für den unerfahrenen Gringo.

Überlegen Sie also bitte genau, wie weit Sie hier „in den Wald hineingehen" wollen – im Klartext: In weiten Teilen der Subtropen und in den Tropen sowieso gibt es eine traumhaft schöne und vielfältige Tier- und Pflanzenwelt, aber eben auch viel kleines und großes Getier, das mitunter für einen unachtsamen Menschen zur Gefahr werden könnte. Also Vorsicht ist hier angesagt und der Wille von den Einheimischen zu lernen, wie man damit umgeht.

Stichwort ´Naturschauspiele´: Erdbeben, Wirbelstürme, Hochwasser, Vulkanausbrüche, etc. - Meldungen zu Unwettern und Naturkatastrophen gehören schon seit langem zum Nachrichtenalltag und wir alle wissen mehr oder weniger genau, in welchen Regionen sie immer wieder vorkommen können. Vielleicht halten wir uns hier einfach an den englischen Philosophen Francis Bacon (1561-1626): „Wir können die Natur nur dadurch beherrschen, dass wir uns ihren Gesetzen unterwerfen." Klar doch – auch überall dort, wo die Natur sehr launisch sein kann, leben Menschen. Sie haben den Umgang mit diesen Phänomenen gelernt. Und außerdem gehören viele dieser Regionen zu dem landschaftlich Schönsten, was die Natur zu bieten hat. Informieren Sie sich also gezielt auch darüber, ob überhaupt und wenn JA, welche gravierenden Wetterkapriolen an Ihrem künftigen Standort auftreten könnten und wie man sich darauf vorbereitet bzw. sich dabei verhält.

Aspekt GESELLSCHAFT

Geprägt von verschiedenen sozialen und staatlichen Strukturen, unterschiedlichen wirtschaftlichen Entwicklungsniveaus, kulturellen und religiösen Einflüssen, Traditionen, Sitten und Gebräuchen, Werte- und Moralvorstellungen steht der Begriff ´Gesellschaft´ im Kontext unseres Buches für das Miteinander und Nebeneinander der Menschen - eben für „das Ganze um uns herum". Wir alle sind da irgendwo und irgendwie mit drin. Aber es sind gerade diese äußeren Einflüsse, die unser Leben maßgeblich mitbestimmen und die sich in vielfältiger Art und Weise - mal mehr, mal weniger, aber immer unmittelbar - auf die zentralen Lebensbereiche und unser Wohlbefinden auswirken.

Ganz gleich, ob es nun private, berufliche bzw. geschäftliche Beweggründe sind, die Sie ins Ausland führen - getreu dem Sprichwort „Andere Länder, andere Sitten" gibt es auch zum Stichwort *interkulturelle Kommunikation* genug zu entdecken, zu beobachten und zu beachten. Oftmals erst auf den zweiten Blick erkennen wir andere Verhaltens-muster, andere soziale Hierarchien und Geschlechterrollen, Zeichen und Gesten, die möglicherweise nicht unserem eigenen Verständnis entsprechen. Längst erleben wir im Alltag eine Durchmischung der Kulturen, die aber für ein respektvolles Miteinander mehr und mehr ein gewisses Maß an Sensibilität verlangt.

Fragen Sie sich also:

- In welchem gesellschaftlichen Umfeld kann ich mich wirklich wohlfühlen; welche gesellschaftlichen Einflüsse wirken generell positiv auf mich?

- Habe ich dieses Gefühl in der Vergangenheit schon mal erlebt – wenn JA, wo und in welcher Umgebung?

- Welche Informationen und Eindrücke von der gesellschaftlichen Vielfalt in der Welt lösen bei mir immer wieder spontan positive Impulse und Reaktionen aus?

Unsere heutigen Medien- und Internetmöglichkeiten gewähren uns Einblicke in fast alle Ecken rund um den Globus. Dennoch – glauben Sie bitte nicht, allein schon deshalb alles zu wissen bzw. zu kennen. Kein Zweifel, die wichtigsten gesellschaftlichen Gegebenheiten sind auch aus der Entfernung schon recht gut zu recherchieren; es sind die relevanten Basisinformationen über das betreffende Land. Trotzdem - ganz unabhängig davon, wie gut man sich aus der Entfernung auch vorbereitet - die Vor-Ort-Eindrücke sind durch nichts zu ersetzen! Erst mit dem Eintauchen in die „neue Welt“ (Gesellschaft) kann ein gefühltes Wohlbefinden entstehen. Dieses Bauchgefühl stellt sich dort, wo man neu hinkommt, entweder sofort oder erst nach und nach ein. Folgen Sie diesem Instinkt (!) – Ihrem 6. Sinn – und Sie werden die richtigen Entscheidungen treffen!

Denken Sie also auch daran: Als Ausländer ist man immer dann bestens beraten, wenn man die kulturellen Säulen, die das Land insgesamt tragen, als „ewige Gesetze“ respektiert. Das gilt erst einmal ganz allgemein, besonders aber für

Länder, in denen tiefe Religiösität weitgehend auch das öffentliche Leben prägt. So oder so, wer konsequent innerhalb der Toleranz- und Akzeptanzgrenzen dieser tragenden Säulen bleibt, bewegt sich quasi in einem *gesellschaftlichen Freiraum*, ohne irgendwo in das berühmte Fettnäpfchen zu treten.

Aspekt POLITIK

Muss ich mich für die Politik des Gastlandes interessieren? Nein, jedenfalls nicht im Detail. Natürlich gilt: je mehr man versteht, umso besser (!), denn politische Strukturen können sich privat und/oder geschäftlich auch auf Sie auswirken. Nur als Beispiel: Tropische Traumlandschaften können unter verschiedenen Staatsflaggen so ziemlich gleich aussehen. Gilt das aber auch für das „Recht" auf ein entspanntes Genießen und dauerhaftes Wohlfühlen?

Prüfen Sie also unbedingt Ihre Standortwahl auch dahingehend, wie gut eigentlich Ihre Chancen stehen, das eigene Auslandsvorhaben langfristig in einer für Sie entspannten (d.h. insgesamt friedlichen) Umgebung verwirklichen zu können, egal ob als Privat- und/oder Geschäftsmann. Schauen Sie mal nach, ob folgende Fragen – denen sich kein Ausländer auf Dauer wirklich völlig entziehen kann – auch auf Ihrer Checkliste stehen:

- Was prägt die offizielle Ausländerpolitik (besonders Einwanderungspolitik) im Land?
- Gibt es eine alles in allem funktionierende Demokratie im Land?
- Wie sieht die Streitkultur in der Politik und im öffentlichen Leben aus? Vollzieht sie sich im Wesentlichen friedlich auf gesetzlichen Grundlagen oder durch gewaltsame Auseinandersetzungen?
- Welche bürgerlichen Freiheiten garantiert (oder verweigert) das Land seinen Bürgern bzw. auch den

Ausländern (z.B. Meinungsfreiheit, kulturelle Traditionen, religiöse Orientierungen, Homosexualität, usw.)?

- Gilt gleiches Recht für Männer und Frauen und wie sieht es damit im öffentlichen Leben aus?
- Gibt es Benachteiligungen aufgrund von Rassen- oder Minderheitenzugehörigkeit?
- Befindet sich das Land/mein Zielgebiet in einer ruhigen Region oder kommt es immer wieder mal zu Spannungen mit dem einen oder anderen Nachbarn?

Aspekt INTEGRATION

Wer soll wen akzeptieren bzw. tolerieren - der Ausländer das Ausland oder das Ausland den Ausländer? Schönes Wortspiel - am besten, Sie lesen es zweimal, denn hier sind wir beim zentralen Aspekt des Auswanderns! Sie bringen selbstverständlich Ihre inneren Überzeugungen (Werte- und Moralvorstellungen) mit in das Land Ihrer Wahl. Das ist absolut normal. Absolut normal ist aber auch, dass Sie im Ausland dann von der Wertekultur der dortigen Gesellschaft umgeben sind – zumindest immer dann, wenn Sie die eigenen vier Wände verlassen.

Hinweis: Bitte sehen Sie *die neue Realität um Sie herum* (Ihr neues Umfeld) nicht nur „inside-out", d.h. nur durch IHRE Brille, sondern auch umgekehrt – also „outside-in". Denn wie SIE von den anderen wahrgenommen werden, spielt bei *Ihrer Integration* auch eine große Rolle.

Das erste (und wohl auch komfortabelste) Szenario ist Ihre völlige innere Übereinstimmung mit dem ganzen gesellschaftlichen Flair um Sie herum. Sich rundherum wohlzufühlen bedeutet vor allem, dass man keine Kompromisse hinsichtlich der eigenen Zielstellung eingehen musste. Sie wurden also mit offenen Armen aufgenommen und im Gegenzug revanchieren Sie sich fortan mit Ihrem vollen Respekt gegenüber den gesellschaftlichen Gegebenheiten, den Wertvorstellungen und der Kultur Ihres Gastgeberlandes. „Ja das ist doch absolut selbstverständlich....." meinen Sie? Dann achten Sie bei Ihrem nächsten Auslandsaufenthalt ganz nebenbei auch einmal darauf, zu welchen „Höhenflügen" sich so manche Ausländer gelegentlich hinreißen lassen!

Szenario Zwei: Ihr Traumland ist toll, Sie fühlen sich pudelwohl und doch gibt es da so das eine oder andere No-Go um Sie herum, z.B. das Machogehabe dieser „corner-guys" oder diese „Morgen-ist-auch-noch-ein-Tag"- Mentalität..... Und dann noch der Autofahrer vor Ihnen, der die rote Ampel gerade "sinnvoll dafür nutzt", den Inhalt seines Aschenbechers mitten auf die Kreuzung zu kippen..... Stimmt`s , dem möchten Sie am liebsten mal richtig die Meinung sagen......?

Unser Tipp: Vergessen Sie`s ! Keep-cool ist angesagt und nach wie vor gilt, die Welt ist bunt und alles braucht seine Zeit..... Natürlich sind Sie Ordnung und Sauberkeit gewöhnt und dabei soll es ja auch bleiben - aber in *Ihrem* Haus, vor *Ihrer* Haustür, in *Ihrem* Garten, an *Ihrem* Arbeitsplatz.

Und dann gibt es da auch noch das Szenario einer Art *Low-Level-Integration*. Hier sind diejenigen angesprochen, die ganz gezielt die zumeist klimatischen und landschaftlichen Vorzüge ihres Traumdomizils genießen wollen, ohne sich weiter für das gesellschaftliche Umfeld ihres Gastgeberlandes zu interessieren. Man bleibt lieber unter Seinesgleichen, zumindest in irgendeiner Art Gated Community (also abgeschlossener und/oder bewachter Wohnanlage) oder man wohnt etwas abgelegen ohne direkte einheimische Nachbarn. Integration beschränkt sich hier im Wesentlichen auf die im Alltagsleben unvermeidlichen Kontakte zur „Außenwelt". Wer diese Form der Mini-Integration wählt hat seine Gründe dafür. Gerade bei Menschen im fortgeschrittenen Alter ist es oftmals schlichtweg die Sprachbarriere, die das Interesse an näheren Kontakten zu Einheimischen verhindern kann. Wer mit dieser Situation zufrieden ist und einfach nur „leben und leben lassen" will und respektvoll (!) damit umgeht, ist mit Sicherheit ebenso willkommen. Aber bitte - eine Anmerkung muss an dieser Stelle noch sein: Patriotismus hat zweifellos seine Berechtigung - zur rechten Zeit am rechten Ort. Ob allerdings das tägliche Hissen der eigenen Staatsflagge im eigenen (ausländischen!) Vorgarten das geeignete Signal zur Integrationsbereitschaft ist, darf hier ausdrücklich bezweifelt werden.

Merken Sie was.....? Integration ist vor allem ein Zusammenspiel von Akzeptanz und Toleranz und zwar von beiden Seiten! Der Trick ist: Missionieren ist OUT – *Soft-Integration* ist IN ! Keep-smiling, seien Sie freundlich, nett, zuvorkommend und hilfsbereit, möglichst immer dann, wenn es gerade viele Leute sehen. Sympathie heißt hier das Zauberwort..... heute, morgen, übermorgen.....! Und lernen auch Sie - wo immer es Sinn macht – von Ihrem Umfeld, von Ihren Nachbarn, von Ihren Kollegen und von so manchem „alten Hasen" um Sie herum. Diese Methode der Soft-Integration hat sich tausendfach bewährt. Und warum? Ganz einfach, Sie verletzen auf diese Weise nicht die Gefühle bzw. den Stolz der Menschen und ernten im Gegenzug deren Respekt und Anerkennung.

Bewusste Integration bedeutet immer auch gegenseitiges Verständnis (d.h. Verstehen und auch Rücksichtnahme!) sowie ein gesundes Maß an Interesse bzw. Aufgeschlossenheit gegenüber Ihrem gesellschaftlichen Drumherum. Der Beruf, die Firma, das Verhältnis zum Arbeitgeber, ehrenamtliches soziales und gemeinnütziges Engagement, die Aktivität in Organisationen, Sport- und Freizeitvereinen, die Teilnahme am gesellschaftlichen Leben, die Nachbarn um Sie herum, die Schule Ihrer Kinder und die Lehrer..... und, und, und..... Das gesamte „Klavier“ der Integration steht Ihnen zur Verfügung und wartet darauf, *von Ihnen „gespielt“ zu werden* ! Gehen SIE auf die Menschen zu! So öffnen Sie Türen..... Garantiert! *Das ist die zentrale Botschaft* jeder gewollten Integration!

Aspekt FREIHEIT

Der Satz des französischen Philosophen Jean-Jacques Rousseau (1712-1778) bringt es auf den Punkt:

„Die Freiheit des Menschen liegt nicht darin, dass er tun kann, was er will, sondern dass er nicht tun muss, was er nicht will.“

Lesen Sie ihn ruhig langsam und mehrmals! Mit anderen Worten: Sie sollten so viel wie möglich von Ihrer Zeit für die *eigenen* Interessen und die *eigenen* Bedürfnisse verwenden können.

Just for example: Da hat einer ´ne total schräge Bauidee für sein künftiges Eigenheim; ein anderer will – natürlich ohne Helm – das echte Harley-Feeling auf einsamen Highways genießen; der Nächste ist ein passionierter Hobbypilot und weiß, dass es woanders ohne großes „Behörden-Tam-Tam“ möglich ist, kreuz und quer durch die Gegend zu fliegen; und dann ist da der jung gebliebene Dandy, der von seinem Boot und der grenzenlosen Freiheit in der kanadischen Wildnis träumt; wieder ein anderer sieht sich schon mit einem Bacardi in der Hand auf der Veranda seiner eigenen kleinen Hotelpension auf einer karibischen Insel..... und, und, und.....

Klar, der persönliche Wünsche-Ziele-Mix ist von Mensch zu Mensch natürlich verschieden. Aber – und das gilt für alle unsere Träume und Wünsche gleichermaßen - sie lassen sich nur im Rahmen ganz bestimmter Gegebenheiten realisieren.

Für den Anspruch unseres Buches, eine praxiserprobte erfolgreiche Anleitung für eine ´Option Ausland´ vorzustellen, ist es daher hilfreich, Freiheit(en) – ganz praktisch gesehen – als *Spielräume* zu verstehen, nach denen wir uns sehnen und die uns in Zukunft zur Verfügung stehen bzw. möglich sein sollen. Spielräume im inhaltlichen Verständnis dieses Buches sind im Wesentlichen äußere Gegebenheiten, z.B. gesetzliche Rahmenbedingungen. Aber – und das ist der entscheidende Punkt(!) – diese äußeren Gegebenheiten können ja von Land zu Land und von Gesellschaft zu Gesellschaft sehr unterschiedlich sein bzw. zur Verfügung stehen. Und wiederum liegt es nur bei Ihnen, sich das passende sozio-kulturelle Umfeld im Ausland auszusuchen. Zugegeben, die eingangs genannten Beispiele sind sicherlich nicht allgemeingültig. Aber gerade eher außergewöhnliche Wünsche in solchen Bereichen wie Beruf / Kunst / Kultur / Freizeit / Sport / Hobbys eignen sich sehr gut dafür, wenn man feststellen will, wie weit Toleranzbereiche – sprich (legale) Spielräume – innerhalb eines Landes tatsächlich vorhanden sind .

Wie aber finde ich heraus, *wo* die Spielräume für meinen ganz persönlichen Wünsche-Ziele-Mix vorhanden sind?

Gehen Sie bei diesen Überlegungen am besten wie folgt vor: Konzentrieren Sie Ihre Recherchen (Kontakte, Internet, geeignete Literatur, etc.) über den anvisierten Zielstandort auf

- das gesellschaftliche Umfeld

  (siehe Aspekt Gesellschaft);

- die rechtlichen Rahmenbedingungen;

- die de-facto-Regulierung.

Rechtliche Rahmenbedingungen sind die gesetzlichen Regelungen für quasi alle öffentlichen und privaten Lebensbereiche. Das ist überall so. Aber es gibt erhebliche Unterschiede! Wenn Sie also anfangen, über Ihre *benötigten* Spielräume nachzudenken, sollten vor allem folgende Überlegungen eine Rolle spielen:

- Kulturelle Spielräume

  Hier steht das Stichwort ´Toleranz´ ganz oben auf der Prüfliste. Wie geht die Gesellschaft des betreffenden Landes generell mit dem Nebeneinander von verschiedenen Kulturen, Rassen und Religionen um? Und auf welcher Seite würden Sie sich dort ganz persönlich wiederfinden? Wäre es möglich, dass Sie – bei allem Respekt vor der Kultur Ihres Gastlandes - auch dort vor Ort Ihre eigenen, mitgebrachten kulturellen Traditionen, Bräuche und Feste ausleben dürfen? Oder auch anders herum..... Ist gewährleistet, dass Ihnen dort, wo Sie als Ausländer später dann leben wollen, der Zugang auch zum einheimischen Kulturgut und Kulturgeschehen gestattet wird?

  Welche Bildungschancen (Zugangsmodalitäten, Kosten, Sonderregelungen) für Ausländer gibt es dort? Werden Ihre bisher erworbenen Bildungsnachweise anerkannt (Homologation von Diplomen, Abschlüssen, Zeugnissen, Berechtigungen, etc.)?

  Ist es ein Land, dessen rechtliche Regelungen weitgehend religiös geprägt sind und was könnte das für Ihre Ziele bedeuten?

- Private Spielräume

Partnerschaftswünsche, Freizeitabenteuer, Reisen, besondere Sportarten und Hobbys sind immer auch ein sehr wichtiger Grund, in ein anderes Land/eine andere Region zu gehen. Hier kommen dann schon mal solche Gedanken auf, wie

- das wolltest Du eigentlich immer schon mal machen;
- woanders ist das offenbar viel einfacher realisierbar;
- das würde bei uns wettermäßig gar nicht möglich sein;
- die Lizenz dafür - sofern man sie dort überhaupt braucht - ist da viel billiger und einfacher zu erwerben;
- Zeit hat dort eine andere Bedeutung.......... „easy-living" ist angesagt; etc......

Das kann schon so sein. Aber uns geht es hier vor allem um private Spielräume im Sinne von Möglichkeiten Dinge zu tun, die für Sie bisher einfach nicht drin waren; sei es, weil es rein rechtlich nicht möglich ist oder zeitlich nicht machbar oder zu teuer oder weil die Anforderungen zu hoch gesetzt sind usw..

Vergleichen Sie also und achten Sie ganz besonders auf die Aufenthaltsbestimmungen für Ausländer sowie - *wichtig* - auch darauf, welche Unterschiede (in Vergleich zu Ihrem jetzigen Rechtsgebiet) es im

Strafrecht geben kann! Informieren Sie sich rechtzeitig, denn das ist ein durchaus ernst zu nehmendes Thema. Ein „Tütchen“ z.B. mag hier und dort noch als Kavaliersdelikt gelten. In einigen Ländern aber kann das „sehr langfristige Folgen“ haben.

Dann das Stichwort ´Brautschau´. Welche Spielräume verbleiben oder entstehen im Zusammenhang mit einer Partnerschaft, insbesondere hinsichtlich eigentumsrechtlicher Fragen? Schauen Sie auch hier auf`s Kleingedruckte, denn in manchen Ländern erwirbt der einheimische Partner schon Rechte auch ohne Trauschein.

Private Spielräume haben aber auch eine Dimension, die nicht durch Gesetze sondern ganz natürlich bestimmt ist. Es ist die ganze Vielfalt der Natur und der klimatischen Gegebenheiten eines Landes/einer Region, die zur Verwirklichung des eigenen Wünsche-Ziele-Mix dazugehören.

- Berufliche/geschäftliche Spielräume

Wie steht es um Ihre beruflichen/geschäftlichen Chancen? Ist die entsprechende Gesetzgebung in Ihrem Wunschland ganz allgemein gesehen für Sie akzeptabel? Erlauben (!) Ihnen die gegebenen gesetzlichen Rahmenbedingungen Ihre beruflichen und/oder geschäftlichen Zielstellungen? Es geht hier darum, ob es *erlaubt* ist, denn das Erreichen der eigenen Ziele liegt dann ja schließlich an jedem selbst.

Haben Sie (besonders als „start-up“/Einsteiger) dort bessere Chancen, Ihren Traumberuf zu erlernen bzw. auszuüben? Besteht ein gesetzlicher Zusammenhang zwischen den Einreise- bzw. Aufenthaltsbestimmungen für Ausländer und besonderen beruflichen (und/oder gesundheitlichen) Voraussetzungen? Welche Geschäftsfelder und / oder unternehmerische Freiheiten am Zielstandort versprechen besonders erfolgreich zu sein; was wäre überhaupt nicht machbar bzw. erlaubt? Welche Art Geschäfte würden nur in Kooperation mit einheimischen Partnern gestattet oder wären nur so sinnvoll?

- Finanzielle und materielle Spielräume

Informieren Sie sich in jedem Fall vorher (!) selbst oder - besser noch - durch professionelle Beratung über die einkommens- und steuerrechtliche Situation für Ausländer im Wunschland, ganz egal, was Sie dort beruflich, geschäftlich oder auch privat vorhaben. Trotz politischer Bemühungen in manchen Teilen der Welt, hier länderübergreifende einheitliche Regelungen durchzusetzen, weichen die Details bei den jeweiligen gesetzlichen Regelungen oftmals erheblich voneinander ab. Gleiches gilt auch für deren praktische Umsetzung.

Auch Fragen des Eigentumsrechts sollten Sie vorab recherchieren, besonders rund um den Erwerb von Immobilienbesitz.

Und dann noch - nicht zu vergessen - der (gedankliche) Rundgang durch den Supermarkt sowie die Mietkosten, Versicherungen, Arzt, Auto,

Schul- und Ausbildungsgebühren..... also all das, was unter dem Begriff ´allgemeine Lebenshaltungskosten´ üblicherweise so zusammengefasst wird. Für viele Menschen, die sich für ein Leben im Ausland entscheiden, ist gerade dieser alltägliche Teil ihres *finanziellen Spielraums* der ausschlaggebende Punkt.

Unser Tipp: Setzen Sie den spitzen Bleistift an. Machen Sie eine detaillierte und ehrliche Kostenaufstellung/Kalkulation, damit Ihnen am Ende auch tatsächlich die finanziellen Freiheiten/Spielräume zur Realisierung Ihrer Wünsche zur Verfügung stehen.

- Sicherheitsrelevante Spielräume

Wie steht es um die allgemeine öffentliche Ordnung und Sicherheit im Land? Damit wir uns hier nicht falsch verstehen – überall auf der Welt kann der Oma mal die Handtasche geklaut werden. In der Regel nimmt man daran nicht wirklich Schaden. Ganz anders sieht die Sache aber dort aus, wo Banden das Sagen haben, die mitunter auch bewaffnet sein können. Auch gewalttätig ausgetragene Auseinandersetzungen zwischen verschiedenen politischen, religiösen oder ethnischen Gruppen können einen normalen Lebensrhythmus beeinträchtigen, auch wenn man selbst damit „nichts am Hut" hat und völlig unbeteiligt sein will.

Und dann gibt es da noch möglicherweise - sagen wir mal - „Besonderheiten auf den zweiten Blick" im öffentlichen Leben des Landes. Wie sieht es z.B. aus mit zeitweisen Ausgehverboten; mit religiösen

Vorschriften, die auch für alle Ausländer im Land gelten; mit speziellen Kleidervorschriften in der Öffentlichkeit; mit generellen Alkoholverboten; mit permanenter, massiver Polizei- bzw. Militärpräsenz im öffentlichen Leben, u.ä.?

Last but not least: Auch am Abend noch ganz entspannt über den Boulevard oder durch den Park zu schlendern oder auch unten am Malecon - der Uferpromenade - dem nächtlichen Spiel der Wellen zuzuschauen, kann einfach wunderbar sein..... Anders gesagt: Die Möglichkeit der alles in allem sicheren *Bewegungsfreiheit* in der Öffentlichkeit kann sich unmittelbar auf die Lebensqualität auswirken! Auch in dieser Hinsicht sind Sie gut beraten „nachzuschauen", ob da wo Sie hin wollen ausreichend Spielraum dafür gegeben ist.

Die de-facto-Regulierung ist ein Terminus, der die folgende Frage auf den Punkt bringen soll: Wie läuft das öffentliche Leben *wirklich* ab, d.h. wie reguliert geht es tatsächlich zu und was bedeutet das für meinen „Bedarf" an Freiheit(en) / Spielräumen?

Behörden und Ämter gibt es überall auf der Welt. Und damit das hier niemand falsch interpretiert: „Law and Order“ als funktionierende Regulierung des öffentlichen und privaten Lebens sind wichtige Bestandteile einer intakten Gesellschaft. Niemand erwartet Insiderwissen von Ihnen. Aber „wie der Hase so läuft" in dem betreffenden Land, das sollte Sie schon interessieren! Gesetze hier, Gesetze da..... „paper doesn´t blush" (Papier ist geduldig)..... mag man vielleicht denken. Aber wie sieht es mit deren Durchsetzung aus? Genau an dieser Stelle hier haben Sie im Rahmen Ihrer eigenen Zielstellung die Wahl, wieviel „Behördeneffizienz" Sie für sinnvoll und akzeptabel halten. Die einen sind überglücklich damit, wenn Ihnen alles bis auf den Millimeter vorgeschrieben und selbstverständlich dann auch von den Ämtern penibel kontrolliert wird. Andere wiederum gehen wegen solchem administrativen Übereifer weg. Während die einen also die „einmal hin zum Amt und alles hat seine Ordnung"-Variante bevorzugen, setzen die anderen lieber auf die „guten Kontakte" und „kleine Freundschaftsbeweise", was einem dann möglicherweise ebenfalls die erwünschten Freiheiten und Spielräume bringen kann. Beide Denkweisen sind berechtigt, weil ja - wie schon oben gesagt - nach wie vor gilt: Welche Freiheiten und Spielräume einer braucht, ist seine ganz individuelle Entscheidung. Und..... andere Länder, andere Sitten.

Unsere Empfehlung dazu lautet: Es macht durchaus Sinn, schon im Vorfeld zu recherchieren, an was Sie bei Ihrem Auslandsvorhaben nicht „vorbeikommen“ und wie kooperativ Behörden und Ämter vor Ort sind. Das Wissen um die Spielregeln ist immer von Vorteil!

Aspekt INFRASTRUKTUR

Komplexe Verkehrsverbindungen, moderne Kommunikationsmöglichkeiten, große Einkaufszentren, Dienstleister aller Art, ein effizientes Gesundheitssystem, ein hochentwickeltes Bildungswesen, die ganze Palette kultureller Einrichtungen, öffentliche Sicherheitsstrukturen, etc. ..... Jeder weiß, dass vor allem die entwickelten Industriestaaten *flächendeckend* über diese öffentlichen Strukturen verfügen, die sich als technische, soziale und institutionelle Einrichtungen mit dem Begriff ´Infrastruktur´ zusammenfassen lassen. In diesen Ländern liegt die Betonung auf flächendeckend, was bedeutet, dass man alle wesentlichen Einrichtungen dieser Infrastruktur auch in den ländlichen Bereichen wiederfindet.

Und genau das macht den Unterschied aus im Vergleich zur großen Mehrheit der anderen Länder, wo moderne Infrastruktur - soweit sie überhaupt schon vorhanden ist - hauptsächlich in den großen Städten und Ballungsräumen zu finden ist.

Kurz gesagt:

Stadt, Großstadt, Metropole, Ballungsräume - hier gibt es (fast) immer und (fast) überall eine gut entwickelte Infrastruktur für alle Bereiche des Lebens. Moderne Infrastruktur auch in den ländlichen Gebieten - das finden wir (fast) nur in den entwickelten Industriestaaten.

Also - war`s das dann schon zum Thema ? Nein, natürlich nicht! Wir bleiben beim roter Faden unserer „Anleitung der etwas anderen Art“ für das gute Gelingen Ihres Auslandsvorhabens: Wählen Sie aus, was zu IHNEN passt !

Erstens:

Ordnen Sie Ihren „Typ“ (Typ ist hier als Begriff nur positiv gemeint) verschiedenen Szenarien zu:

- Typ A : nur Stadt/Großstadt/Metropole und Natur „findet nur statt“ - wenn überhaupt - im Park;
- Typ B : nur Stadt, aber bei Bedarf (z.B. Wochenende / Freizeit) die Möglichkeit ´Natur´ in kurzer Reichweite;
- Typ C : in der City auf keinen Fall; eventuell noch (grüne) Stadtrandlage, aber bei Bedarf (z.B. Einkaufen/Kultur) die Möglichkeit ´Stadtzentrum´ in kurzer Reichweite;
- Typ D : Kleinstadt/Dorf mit guter Verkehrsanbindung und Nähe zur Großstadt;
- Typ E : nur Landleben; möglichst große Distanz zur Stadt und nur absolut unvermeidbare Stadtaufenthalte

und „Typ mindestens 50 Meilen zum nächsten Nachbarn“, aber den wollen wir mit unseren Betrachtungen hier nicht weiter stören.....

Zweitens:

Stellen Sie für Ihren Wünsche-Ziele-Mix die dafür unverzichtbare Infrastruktur zusammen, indem Sie entscheiden, welche wichtigen Bereiche, Einrichtungen, Institutionen um Sie herum vorhanden sein sollten:

- Öffentlicher Nah- und Fernverkehr per Straße, Schiene, Wasser, Luft;
- Individualverkehr (Zufahrtsstraßen zur Wohnstätte, zum Arbeitsplatz, zu Sport- und Freizeiteinrichtungen, Tankstellen, Kfz.-Werkstätten);

- Energieversorgung (Strom/Heizung);
- Kommunikationsmöglichkeiten (Telefon, Internet, TV);
- Trinkwasserversorgung/Abwasserentsorgung;
- berufliche/geschäftliche Möglichkeiten vor Ort;
- demographische Infrastruktur (Bevölkerungsgruppen, soziale Struktur);
- Einkaufsmöglichkeiten, Banken, Dienstleister, Kindereinrichtungen;
- Gesundheitseinrichtungen (Arzt, Apotheke, Krankenhaus, Not- und Rettungsdienste, Spezialisten, Pflegedienste);
- Sicherheitseinrichtungen (Polizei, Feuerwehr, zivile Hilfsdienste);
- Bildungseinrichtungen (Schulen, Universitäten, Abendschulen u.a.);
- Kulturelle Einrichtungen (Theater, Museen, Event- und Konzertzentren, Ausstellungen);
- Sport- und Freizeitanlagen, Hobby- und Themenparks, Schwimmbäder, Motor-, Wasser- und Flugsportclubs, Golfanlagen usw..

Die persönlichen Entscheidungen zum Thema Infrastruktur sind immer auch Entscheidungen über die eigene Mobilität, über die vor Ort vorhandenen Möglichkeiten, die Lebenshaltungskosten und über das eigene Zeitmanagement.

Drittens:

Sind mehrere Personen an Ihrem Auslandsvorhaben beteiligt, dann wiederholen Sie diesen must-have-Check zum Aspekt Infrastruktur *für jeden einzelnen* Beteiligten. Zu diesem Teil des Zielfindungsprozesses gehört auch, dass unterschiedliche bzw. konträre Interessen zwischen den beteiligten Personen jetzt geklärt werden sollten. Dafür gibt es zwei Möglichkeiten:

- Entweder Sie recherchieren so detailliert, bis Sie einen Standort gefunden haben, an dem alle Elemente der Infrastruktur vorhanden sind, die von allen Beteiligten als unverzichtbar angesehen werden

  oder

- Sie einigen sich untereinander auf eine Prioritätenliste, d.h., jemand müsste zugunsten des anderen Zugeständnisse machen und seinen eigenen Wünsche-Ziele-Mix anpassen.

Viertens:

Die Notfall-Infrastruktur ! Havarien im Haus (Wasser, Strom, etc.) hat jeder von uns schon erlebt und man weiß in aller Regel, wo mehr oder weniger schnelle Hilfe angefordert werden kann, damit die Waschmaschine, das Internet, der Fernseher oder auch die Heizung wieder funktionieren. Zu „echten Härtefällen“ werden derartige Überraschungen immer dann, wenn sie (wie fast immer) genau am Wochenende passieren..... Ok – aber jetzt mal ganz im Ernst!

Plötzlich spielt innerhalb von Minuten der Kreislauf verrückt, Herzrasen, kalter Schweiß, hohes Fieber oder der Sturz von der Leiter..... gebrochenes Bein..... oder, oder.....

Natürlich werden Sie sich bei der Auswahl Ihres künftigen Lebensstandortes auch darüber informieren, wie es um die medizinische Versorgung vor Ort steht. Aber haben Sie das Ganze schon mal aus dem folgenden Blickwinkel durchdacht?:

Allgemeine medizinische Behandlungen, Therapien, der Zahnarzt etc.,..... pardon für die saloppe Formulierung..... sind in unserem Kontext hier vergleichsweise nur „halb so schlimm". Warum?..... SIE bleiben dabei immer handlungsfähig! Sie haben hier normalerweise noch genug Zeit, erforderliche Maßnahmen zu treffen oder auch selbst zu einem geeigneten Behandlungszentrum zu fahren, auch wenn es weiter entfernt sein sollte. Noch einmal: Genug Zeit (!)..... das genau ist der Punkt! Ob Ihnen diese bei Notfällen ausreichend bleibt, hängt entscheidend von zwei Gegebenheiten ab:

1. Wie weit entfernt von Ihren Wohnsitz, Ihrem Arbeitsplatz oder Ihrem Freizeitvergnügen ist die nächste Notfallambulanz *wirklich* (damit ist nicht das nächste Polizeirevier gemeint !)?

   Und (noch wichtiger):

2. Ist die zugangstechnische Infrastruktur (Anfahrt), um in solch einer Situation auch zu Ihnen gelangen zu können, „Notfall-freundlich" oder nicht? Oder genau umgekehrt – haben Sie im Katastrophenfall (Feuer, Überschwemmung, Sturm oder Schnee) einen sicheren Fluchtweg?

Glauben Sie jetzt bitte nicht, dass wir hier „päpstlicher als der Papst" werden wollen und wir reden hier auch nicht über den Notfall in einem versteckten Dschungeldorf. Allein schon fehlende Straßennamen, fehlende Gebäudenummerierungen oder weitläufige Urbanisationen, wo Hunderte von quasi gleich aussehenden Häusern und Wohnungen unter einer einzigen Sammelbezeichnung bekannt sind (man kann sie z.B. schon an den Sammelbriefkästen draußen an der Landstraße erkennen) und wo oftmals nur wenige Menschen tatsächlich dort wohnen - auch hier liegen infrastrukturelle Gefahren (!) die im Ernstfall entscheidend sein können.

Fünftens:

Für alle diejenigen Leser unseres Buches, die fest entschlossen sind, als selbständige Gewerbetreibende oder Freiberufler im Ausland zu arbeiten, soll auch der folgende Hinweis nützliche Denkanregungen liefern:

Ganz gleich, ob es sich um ein materielles Produkt oder um eine Dienstleistung handelt, es wird immer darum gehen, etwas zu verkaufen. Entweder der Kunde kommt zu mir, oder ich gehe zum Kunden. Die *verkehrstechnische Infrastruktur* sowie die *soziale Infrastruktur* können dabei ganz wesentliche Faktoren für den geschäftlichen Erfolg sein. Wer also z.B. auf Laufkundschaft angewiesen ist, sollte seinen Standort generell so wählen, dass er verkehrstechnisch möglichst problemlos zu erreichen und eine ausreichende Kundenfrequenz gegeben ist. Dazu kommt dann noch die *soziale Komponente* der Infrastruktur. Es sollte somit auch ein potenzieller Markt für das Produkt oder die Dienstleistung vorhanden sein. Damit sind z.B. auch die Einkommensverhältnisse der Bevölkerung vor Ort (eine ausreichende Kaufkraft) gemeint. Darüber hinaus sollte man sich auch einen Überblick über *die Mitbewerber-Infrastruktur* verschaffen.

Ok - Sie haben sich selbst hinterfragt!..... Sie haben nachgedacht!..... Sie haben Entscheidungen getroffen! Und..... Sie haben Ihre ganz eigene Vision von einer Zukunft im Ausland zu einem „Bild" (zu IHRER Zielstellung also!)

zusammengefügt! Bravo - denn diese (mentale) „Wegstrecke" war nicht so einfach!

Sie haben bisher alles richtig gemacht! Jetzt können Sie mit Kopf und Gelassenheit und den folgenden Kapiteln Ihren MASTERPLAN umsetzen!

FALLBEISPIELE

Die Autoren sind sich selbstverständlich völlig im Klaren darüber, dass die nachfolgenden Fallbeispiele eine vereinfachte Illustration sind. Viele weitere wären zu nennen, natürlich sehr viel ausführlicher und detaillierter - bestimmt auch Ihr ganz persönliches. Dennoch sind diese Beispiele hilfreich für ein erstes Verständnis des bisherigen Inhalts und sollen Ihnen auch ein Gefühl dafür vermitteln, wie Sie gedanklich vorgehen könnten.

Start - up

In einer „Beginnersituation" ist es noch relativ einfach möglich, die Vor-Ort-Bedingungen für den gewünschten Lebensstil mit den notwendigen Gegebenheiten für die berufliche Entwicklung/Karriere zusammenzubringen, weil für einen Single oder auch für ein unabhängiges Paar die Standortauswahl in der Regel größer sein wird als beispielsweise für eine Familie mit Kindern, Großeltern, etc..

Da gibt es Ihn oder Sie oder beide als Paar z.B. irgendwo in Mitteleuropa; Alter so um die Mitte bis Ende 20 mit abgeschlossener Ausbildung in einem kaufmännischen Beruf (es könnten genauso gut auch .....zig andere Branchen und Tätigkeiten genannt werden). Gute Deutsch- und Englischkenntnisse sind vorhanden. Man ist jung, ehrgeizig und weltoffen. Die berufliche Karriere und Fun sind das Credo. Nur - der momentan knochentrockene Bürojob erlaubt keinerlei kreativen Spielraum und der graue Himmel „drückt" gewaltig. Letztes Jahr im Urlaub am Meer..... ja, da gab`s den Megaspaß..... Beachvolleyball, Kitesurfen und..... klar doch..... Sonne satt. Das liegt nun schon wieder Monate zurück und jeder noch so flüchtige Gedanke in diese Richtung sagt: „Hey....., da stimmt doch irgendetwas generell nicht mehr!

Eine dauerhafte Veränderung dieser nicht mehr akzeptablen (fiktiven, d.h. als Beispiel angenommenen) Lebenssituation hin zum gewünschten Lifestyle sollte sich bei einer ´Option Ausland´ auf folgende Zielstellung konzentrieren:

- Idealerweise könnte sich der neue Lebensmittelpunkt in Wassernähe befinden, weil künftig die Kombination aus Beruf, Freizeit und Wassersport möglichst ganzjährig zum Lifestyle gehören soll.

- Gleichfalls soll sich am neuen Zielstandort eine moderne gewerbliche Infrastruktur befinden, die eine dynamische Karriere in der gewünschten Branche ermöglicht.

Empfohlenes Szenario:

- Falls noch Single, sollte man das auch noch solange bleiben, bis zumindest der neue Lebensstandort endgültig definiert ist. Noch besser wäre es, solange Single zu bleiben, bis auch der gewünschte Lifestyle etabliert ist, weil dies ohne die zu einer Partnerschaft immer dazugehörenden Kompromisse zielgerichteter und schneller erreicht werden kann.

- Im vorliegenden Szenario erfolgt die Zielstandortauswahl zunächst ganz klar nach geografischen und klimatischen Wunschvorgaben (siehe dazu auch ´Äußere Aspekte´ Klima / Natur). Und um eine solche Umgebung ganzjährig oder zumindest den überwiegenden Teil des Jahres genießen zu können, muss man schon in den wärmeren Klimaregionen suchen.

- Jetzt kommt der materielle Gesichtspunkt mit ins Spiel. Wo aber in den warmen Küstenregionen bzw. Binnenseegebieten gibt es eine etablierte, moderne Gewerbe- und / oder industrielle Infrastruktur, wo außerdem auch noch die hier gewünschte Branche vorhanden ist?

- Um die eigene berufliche Karriere nicht noch zusätzlich zu verzögern, richtet sich das Augenmerk jetzt also auch nur noch auf diejenigen entwickelten subtropischen (oder ggf. auch tropischen) Länder bzw. Regionen, in denen die vorhandenen Sprachkenntnisse (hier in unserem Beispiel Deutsch und Englisch) für einen Karrierestart ausreichen.

- Das wiederum bedeutet für die Standortauswahl, dass der deutsch- oder englischsprachige Raum Mitteleuropas aufgrund der klimatischen Gegebenheiten völlig entfällt. Die gut entwickelten Länder am Mittelmeer (Spanien, Frankreich, Italien) kommen per se wegen der Sprachbarriere (vorerst) nicht in Frage, es sei denn, man kann dort Unternehmen in der gewünschten Branche ausfindig machen, die ihre Geschäftstätigkeit hauptsächlich in Deutsch und/oder Englisch durchführen.

Was hier nun also direkt zur Auswahl stehen könnte (natürlich immer in Abhängigkeit von den jeweiligen nationalen Aufenthaltsbestimmungen für erwerbstätige Ausländer), wären beispielsweise Australien, Neuseeland, einige Golfstaaten, Südafrika, USA.

Fazit hier: Eine ziemlich breite Palette, nicht nur hinsichtlich der geographischen Besonderheiten, sondern gerade auch in Bezug auf die sehr verschiedenen kulturellen und gesellschaftspolitischen Gegebenheiten.

An diesem Punkt angekommen, geht die Denk- und Recherchearbeit dann auch richtig los! Jetzt sind die ´Äußeren Aspekte´ dran. Ein detaillierter Vergleich zwischen den in diesem Beispiel genannten Ländern hinsichtlich der ´Äußeren Aspekten´ würde den Rahmen dieses Buches sprengen und wäre dann immer noch nur *ein* Beispiel von vielen. Aber immerhin - stellen wir dem Single bzw. dem Paar doch einfach mal ein paar mehr selektive Fragen:

a) Subtropische Küstenregionen gibt es in eher trockenen (also wenig Regen übers Jahr), halbwüstenartigen Regionen oder auch als Landschaften mit viel Niederschlag und relativ hoher Luftfeuchtigkeit, die ganzjährig in üppiges Grün gekleidet sind. Was also darf`s denn sein?

b) Könnte man sich auch alles in allem mit dem Leben in einer Gesellschaft arrangieren, deren Öffentlichkeit noch weitgehend religiös geprägt ist?

c) Wäre man ggf. auch dazu in der Lage, bittere Armut in mehr oder weniger ständiger Sichtweite rein emotional wegzustecken?

d) Nach welchen Grundsätzen richtet sich im Land A oder B die Ausländerpolitik, d.h. wo sind meine Einstiegschancen am größten?

e) Wie leicht gemacht würde mir das „Eintauchen" (siehe dazu auch ´Aspekt Integration´) in die für mich neue kulturelle und gesellschaftliche Umgebung? Mit anderen Worten: Wo würde man mich von Anfang an völlig unvoreingenommen aufnehmen und wo könnte ich mir im Gegensatz dazu diese Aufnahme nur „häppchenweise verdienen"?

f) In welchem Land bzw. in welcher Gesellschaft dürfen sich Mr. und Mrs. ´Start-up´ ihren anvisierten Lifestyle auch zulegen bzw. ihn öffentlich leben? Wo sind die dafür benötigten Spielräume gegeben?

g) Wie steht es hier oder da um die allgemeine Sicherheit in Bezug auf die Bewegungsfreiheit in der Öffentlichkeit?

h) Wo hätte man im Vergleich die besten beruflichen Chancen und warum?

i) Wo gäbe es - neben den für mich notwendigen beruflichen Voraussetzungen - eine moderne öffentliche Infrastruktur auch für alle anderen Dinge des Lebens?

Bezogen auf das eben konstruierte Fallbeispiel sind das nur einige der großen Fragen auf dem Weg zu einer intelligenten Standortentscheidung.

Viele weitere Fragen (und das gilt natürlich auch für die nachfolgenden Beispiele), vor allem zu den für Sie ganz persönlich wichtigen kleinen Dingen des Alltagslebens, sollten Sie sich jetzt in einer Art Fragekatalog zusammenstellen. Dazu gehören u.a. solche Überlegungen wie:

- Insellage Ja oder Nein;
- Citylage, Randlage oder „ganz draußen";
- Erreichbarkeit mit privaten und/oder öffentlichen Verkehrsmitteln;
- öffentliche Infrastruktur, z.B. gesundheits- und sicherheitsrelevante Einrichtungen;
- die eigenen, unverzichtbaren kulturellen Ansprüche;
- die zu erwartenden Lebenshaltungskosten;
- die eigenen Eß- und Trinkgewohnheiten

um nur einiges zu nennen.

Diese Beispielfragen können im Kontext dieser ´Option Ausland´ keine allgemeinverbindliche Gültigkeit haben, weil jeder für sich selbst am besten weiß, was für IHN/SIE wirklich wichtig ist! Dennoch, checken Sie im Rahmen Ihrer Zielstandortrecherchen unbedingt auch die für Sie wichtigen kleinen Selbstverständlichkeiten!

Familie

Eine Familie im Süden Europas (es könnten ebenso gut auch andere Regionen dieser Welt genannt werden). Die Eltern sind so um die Mitte bis Ende 30, die beiden Kinder gehen zur Schule. Er ist Bauingenieur, sie Krankenschwester. Jahrelang ging alles gut .....bis, ja .....bis die Wirtschaft in eine Krise rutschte. Jetzt ist er ohne Job und auch in anderen Bereichen, z.B. im Sozialwesen, wurde der Rotstift angesetzt. Sprachkenntnisse: Spanisch und Französisch. Der „Familienrat" hat sich einhellig (!) dazu entschieden: Ein Aussitzen der Krise kommt nicht länger in Frage! Diese Familie sucht den Ausweg aus ihrer Lage in einem Neubeginn im Ausland. Drei Komponenten bestimmen hier eindeutig die Zielstellung für das Auslandsvorhaben:

1. Raus aus der derzeitigen gesellschaftlichen Unsicherheit und kompletter Neuanfang der Familie in einem gesunden wirtschaftlichen Umfeld mit möglichst langfristig gesicherten Arbeitsmöglichkeiten für die Eltern;

2. optimale Bildungs-, Ausbildungs- und (später dann auch) Berufschancen für die Kinder und

3. ganz allgemein stabile gesellschaftspolitische Rahmenbedingungen (also auch in Hinblick auf die öffentliche Ordnung und Sicherheit).

Empfohlenes Szenario:

Unter Berücksichtigung der Sprachkenntnisse scheint die Länderauswahl auf den ersten Blick recht groß zu sein (Lateinamerika, Teile der USA, Kanada, Frankreich, Schweiz). Als erstes steht gleich eine geographische Grundsatzentscheidung im Raum: Bleibt die Familie in Europa oder steht generell auch ein Land in Übersee zur Diskussion?

Nehmen wir mal an, unsere Beispielfamilie ist für alles offen und es geht in die nächste Runde.

Nun - es ist nicht das Anliegen dieses Buches, tiefgehende gesellschaftliche, wirtschaftliche oder z.B. auch bildungspolitische Analysen zu einzelnen Ländern vorzunehmen, denn das würde weit über das hinausgehen, was für die Planung eines Auslandsvorhabens tatsächlich notwendig wäre. Dennoch - unsere Beispieleltern werden um diesen Punkt nicht völlig herumkommen. Natürlich werden hier keine wissenschaftlichen Abhandlungen gebraucht. Nein - es geht schlicht und einfach um ein paar allgemein zugängliche Informationen und Antworten zu den Fragen, die für die Zukunft der Familie wichtig sind. Bei diesem zweiten Blick sollten sich die Eltern zunächst einen groben Überblick verschaffen über die allgemeinen Lebensbedingungen in den betreffenden Ländern bzw. Regionen. Für dieses Fallbeispiel brauchen wir also eine Recherche dazu, wo allgemein gesunde und stabile wirtschaftliche Verhältnisse auch für die kommenden Jahre in denjenigen Berufsbranchen zu erwarten sind, die für die Eltern infrage kommen.

Und siehe da .....da wird die Liste möglicher „Kandidaten" schon kleiner, denn gute Chancen am Arbeitsmarkt, Normalität im öffentlichen Leben und gute, bezahlbare Bildungschancen - da sollte die Familie schon besser im hochentwickelten Teil dieser Welt bleiben.

Die jetzt anstehende Entscheidung betrifft den möglichen Sprachraum. Spanisch ist Muttersprache, aber Französisch geht auch ganz gut. Sofern man auf einen spanischen Sprachraum bestehen würde, könnten unter Berücksichtigung der Zielstellung eventuell noch einige Regionen in den USA zur Diskussion stehen. Aber angenommen, unsere Beispielfamilie könnte sich auch ein französischsprachiges

Lebensumfeld vorstellen, dann wären immer noch Frankreich, die Schweiz und Kanada im Rennen.

Eine Ebene tiefer könnte sich die Recherche jetzt auf einen Vergleich der Lebenshaltungskosten, der Arbeitsmarkt- bzw. Einkommenschancen für die Eltern sowie auf die Möglichkeiten und Kosten für die Bildung und Ausbildung der Kinder konzentrieren. Dieser Teil bei der planmäßigen Vorbereitung eines Auslandsvorhabens erfordert naturgemäß aktuelle und etwas detailliertere Informationen, die man sich am besten via Internet bzw. bei den betreffenden Ämtern und Organisationen besorgt.

Nach einiger Zeit sind die erforderlichen Ländervergleiche gemacht. „Gewonnen" hat in unserem angenommenen Beispiel ..... Kanada. Warum? ..... Ja, das weiß nur die Familie selbst! Offenbar gab es auf deren „Wunschzettel" ein paar Details, die dazu geführt haben, dass unsere Beispielfamilie sich nicht für die rein geografisch naheliegenden Möglichkeiten Frankreich bzw. Schweiz entschieden haben. Stattdessen wurde für sie Kanada „...the promised land....".

Bestager

Er ist im besten Alter (oder Sie; der Einfachheit halber beschränken wir uns hier auf ein männliches Beispiel; selbstverständlich könnte das gleichermaßen auch auf das weibliche Pendant zutreffen). Also irgendwo um die Mitte 40. Muttersprache ist Deutsch, Englisch geht recht gut und etwas Spanisch ist aufgrund einiger Ferienaufenthalte im sonnigen Süden auch vorhanden. Die Ehe ist geschieden; die erwachsenen Kinder sind aus dem Haus und etabliert. Unser Bestager ist ein erfahrener Verkäufer in der Immobilienbranche und lebt im deutschsprachigen Raum. Seine neue Partnerin ist eine Spanisch sprechende Latina. Seit kurzem leben beide zusammen. Die Verständigung funktioniert - mal auf Deutsch, mal auf Spanisch – schon ganz gut und alles läuft normal. Aber trotzdem sollen zusammen mit der neuen Partnerin von nun an wesentliche Bereiche der derzeitigen Lebenssituation unseres Bestagers radikal verändert werden. Das Ziel ist eine deutliche Verbesserung der Lebensqualität für die Zukunft.

Zielstellung:

1. Leben und Geld verdienen vorzugsweise am Meer und unter Palmen an einem ruhigen und sicheren „Platz an der Sonne", der mit dem Auto auf dem Landweg (!) zu erreichen ist und

2. eine optimale Einbindung der neuen Partnerin in diesen anvisierten Lifestyle.

Empfohlenes Szenario:

Die Ausgangsüberlegung ist die Verbindung der Komponenten ´Sonne - Meer – Palmen´ mit einer direkten Erreichbarkeit per Straße. Damit sind die geographisch möglichen Schauplätze in Europa ziemlich leicht festzustellen; von West nach Ost: Portugal, Spanien, Frankreich, Italien, die Balkanländer an der Adria, einige Küstenbereiche am Schwarzen Meer sowie Teile Griechenlands und der Türkei.

Jetzt geht die Auswahl weiter ins Detail. In welcher Region ist die Sonne statistisch gesehen „zu Hause“ und wo gibt es dementsprechend die mildesten Temperaturen im Jahresdurchschnitt auch in den Küstenregionen?

Wo könnte eine Tätigkeit als Verkäufer im Immobiliengeschäft bei den gegebenen Sprachkenntnissen erfolgversprechend sein? D.h., in welchem Land und in welcher Region ist dafür ein ausreichend starkes Marktumfeld zu erwarten?

Womit könnte sich die neue Lebenspartnerin am besten einbringen, also ihren Partner sinnvoll und möglichst ohne Sprachbarriere (!) bei diesem Neuanfang unterstützen?

In welchem der in Frage kommenden Länder bzw. Regionen könnte man weitestgehend „ungestört“ leben? Wo gibt es diese „ruhige Ecke" mit modernen europäischen Standards, wo unsere beiden Beispielpersonen leben könnten, ohne nun dauernd auf das politische oder öffentliche Geschehen um sie herum achten zu müssen?

Wo ist auch die Verkehrsinfrastruktur soweit entwickelt, dass das neue Ziel auch für künftige Besucher (Familie, Verwandte, Freunde etc.) bequem und sicher auf dem Landweg mit dem Auto zu erreichen wäre?

Allein schon die Beantwortung dieser Basisfragen im vorliegenden Fall wird die Selektion soweit herunterbrechen, sodass Spanien als Favorit aus diesem angenommenen Beispiel hervorgehen würde.

Nun geht es weiter aber darum, in Spanien einen geeigneten Standort am Meer zu finden, der die geschäftlichen Voraussetzungen für unseren Bestager als Verkäufer bietet. Für seine lateinamerikanische Partnerin dürfte es indes nicht schwer sein, in der breiten Palette des Tourismusgeschäfts an der Küste Arbeit zu finden. Mit anderen Worten: Priorität hat in dieser Konstellation das Finden eines Zielstandortes an der spanischen Mittelmeerküste, wo ER ein ausreichend attraktives Einkommen für seinen gewünschten Lebensstil erzielen kann. Nun aber die Küste von den Pyrenäen bis hinunter nach Gibraltar auf der Suche nach einem geeigneten Unternehmen abzuklappern, ist wohl schon aus ganz praktischen Erwägungen unsinnig, sodass an dieser Stelle eine weitere geographische Auswahl vorgenommen werden muss.

Vorschlag: Unser Mann sollte bei seiner Recherche einen ungefähren Standort aussuchen, der ihm als zukünftiger Lebensmittelpunkt gefallen könnte. Danach sollte er damit beginnen, von diesem Wunschstandort aus die Nachbargebiete nach links und rechts „aufzurollen“, so ca. 100 km in jede Richtung. Eine solche Recherchezone lässt sich dann auch vor Ort recht überschaubar nach dem *einen* Unternehmen durchforsten, das im Falle unseres Bestager - Beispiels dann auch das geeignete Jobangebot bereithält. Erweist sich die erste Recherchezone als nicht ergiebig, sollte man ohne zu zögern in eine andere wechseln. Fündig werden ist in erster Linie eine Frage des Aussortierens möglichst vieler Kontakte und erst danach eine Verhandlungssache!

In unserem Beispiel hier hat die Partnerin in dem neuen spanischen Lebensumfeld keinerlei Sprachdefizite und kann somit ihrem Lebenspartner gerade in der anspruchsvollen Startphase eine gute Hilfe sein beim „Brückenbau" zwischen den verschiedenen „Nord - Süd"-Mentalitäten!

KAPITEL 4 UMSETZUNG – Wie komme ich dort hin ?

Startschuss! In der jetzt vor Ihnen liegenden Phase sind nunmehr vier Aufgaben zeitgleich zu lösen:

- das große SORTIEREN;
- die Herstellung der AUFNAHMEBEREITSCHAFT am Zielstandort;
- die Beschaffung der DOKUMENTE sowie
- das geordnete ABKOPPELN von Ihrem bisherigen Lebensumfeld.

Diese Aufgabenbereiche beanspruchen vor allem Ihre organisatorischen Fähigkeiten und wieder sind Sie aufgefordert, eine ganze Reihe (gut durchdachte und aufeinander abgestimmte) Entscheidungen zu treffen! Es kann hier an einigen Stellen zur Wiederholung einzelner wichtiger Gedanken und Hinweise kommen, diesmal allerdings im Kontext der unmittelbaren Vorbereitungen für Ihr *Weggehen und Ankommen.*

Jeder nun zu behandelnde Punkt beginnt mit dem Herausfinden und Festlegen eines möglichst optimalen TIMINGS! Die allererste Aufgabe dabei ist das Herausfinden des „Tag X" (endgültiger Abreisezeitpunkt). Für das intelligente Festlegen dieses Termins können zwei verschiedene Ausgangssituationen vorliegen: (siehe dazu auch nachfolgende Grafik)

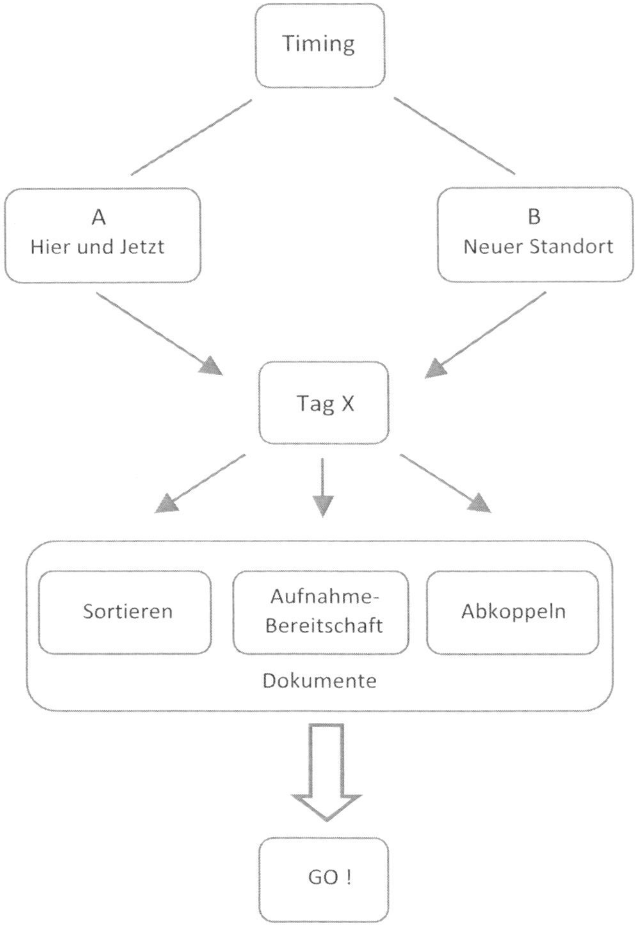

Situation A : Der „Tag X“ orientiert sich generell an einem wichtigen Ereignis bzw. Zeitpunkt *noch im Hier und Jetzt* – z.B. der Hausverkauf, Kündigungsfristen, das Schuljahresende der Kinder, eine Beförderung, ein noch offener Zahlungseingang, die Hochzeit eines Familienmitgliedes, etc..

Situation B : Der „Tag X" orientiert sich generell an einem wichtigen Ereignis bzw. Zeitpunkt *am neuen Zielstandort* – z.B. der neue Arbeitsbeginn, die bevorstehende Saison, der Studienbeginn an der Uni oder der Schulbeginn, etc..

Sobald dann für Sie der „Tag X“ feststeht, beginnt Punkt für Punkt ein *aufeinander abgestimmtes* Timing & to - do! Am Ende dann, wenn auch hinter dem letzten Punkt ein Häkchen gemacht ist, steht das endgültige GO. Achten Sie darauf, dass in dieser Phase der Umsetzung kein unnötiger Druck oder Stress entsteht und nehmen Sie sich genau die Zeit, die Sie als „Macher mit Kopf“ dafür brauchen. Nur was wirklich funktioniert ist Ok. Die „hop-und-weg-Variante“ innerhalb weniger Tage überlassen wir mit einem Lächeln getrost den „Flip-Flop-Künstlern“.

Und noch etwas: Es kommt immer wieder vor, das (gerade auch junge) Menschen auf verlockende Angebote hin mit großen Erwartungen um den halben Erdball reisen mit all den damit verbundenen Kosten und Aufregungen. Als „Objekt der Begierde" diverser Agenturen quer durch alle Bereiche können Sie dabei mitunter auch an scheinbar professionell auftretende Personen geraten, die in Wahrheit ganz bewusst nur mit den Wünschen, Hoffnungen und Träumen anderer spielen! So manch einer muss dann bei seiner Ankunft leider feststellen, dass er falschen Versprechungen auf den Leim gegangen ist. Damit Ihnen das nicht passieren kann, halten Sie ab sofort überall und zu jeder Zeit die Augen auf!

SORTIEREN

Kurz gesagt geht es hier darum, dass Sie sich langsam aber sicher entscheiden sollten, welche Menschen Sie weiterhin „begleiten“ werden und welche Dinge Sie aus Ihrem bisherigen Leben in Ihre Zukunft mitnehmen wollen.

Das behalte ich!

Greifen Sie deshalb zunächst auf Ihre Personenliste zurück, die Sie ja bereits für sich selbst (siehe Kapitel 2) erstellt haben. Da finden Sie also diejenigen aus Ihrem Umfeld, die nicht an Ihrem Auslandsvorhaben teilnehmen werden, aber zu denen Sie dennoch eine gute Beziehung/einen funktionierenden Kontakt aufrechterhalten wollen. Erinnern Sie sich bitte auch an die Hinweise und Empfehlungen, die Sie im Kapitel 2 unter den Stichworten ´familiäre Bindungen´ sowie ´weitere Verbündete´ nachlesen konnten. Jetzt in der unmittelbaren Vorbereitungszeit sollten zum Thema ´Kontakte´ zwei Punkte auf Ihrer Liste stehen:

1. die abschließende Klärung/Lösung ggf. noch offener Dinge

   und

2. die Verabredung der Art und Weise Ihrer künftigen Kommunikation.

Das geht natürlich am besten in persönlichen Gesprächen, für die Sie sich die erforderliche Zeit nehmen sollten. Dazu gehört hier noch einmal dieser Appell:

Ganz klar - Ihr Auslandsvorhaben ist *keine Flucht*! Das ist auf gar keinen Fall Thema dieses Buches! Ihr nun anstehender (nennen wir es mal) Umzug ist eine geordnete Neustrukturierung Ihrer Lebensverhältnisse. Hinterlassen Sie also bitte niemals „Unordnung" oder „verbrannte Erde". Geordnete Verhältnisse zurückzulassen ist eine unverzichtbare Voraussetzung dafür, sich konsequent nach vorne orientieren zu können.

Weiterhin: Stellen Sie nun eine Liste mit all *den materiellen Dingen* auf, die Sie auf jeden Fall behalten wollen. Entweder alles passt ins Reisegepäck oder ein Transport muss organisiert werden. Eventuell gibt es ja auch Dinge, von denen Sie sich nicht trennen wollen, die Sie aber dennoch nicht sofort mitnehmen können. Oder es gibt Dinge, wo Sie sich selbst noch völlig im Unklaren darüber sind, ob Sie sie wirklich behalten wollen/können oder nicht. Am besten Sie treffen in diesem Fall zu einem späteren Zeitpunkt aus einem gewissen Abstand heraus eine Entscheidung. In solchen Fällen ist sicherlich nicht die wertvolle Briefmarkensammlung gemeint, sondern eher größere Sachwerte (z.B. Kunstgegenstände, antike Möbel, der Oldtimer.... bis hin zur kompletten Wohnungsausstattung), die vorerst eingelagert werden sollen. Da es hier in der Regel schon um gewisse Vermögenswerte geht, sollte das Thema ´Einlagerung´ in jedem Fall professionell geregelt werden hinsichtlich Zeitraum, Sicherheit und versicherungstechnischer Festlegungen.

Zum Thema ´Mitnahme materieller Güter´ gehört immer auch eine exakte Information zu den Aus- und Einfuhrbestimmungen. Gleiches gilt für Tiere und Pflanzen, wobei bei Tieren möglicherweise auch länger andauernde Transport- und/oder Quarantänezeiten berücksichtigt werden müssen.

Sonderpunkt Immobilien

Sollen Immobilien in Ihrem Besitz verbleiben, dann ist an dieser Stelle für eine „wasserdichte" Vorbereitung Ihres Auslandsvorhabens ganz besondere Sorgfalt (!) angesagt, einschließlich der Klärung Ihrer steuerrechtlichen Situation. Sie brauchen:

- eine Person Ihres Vertrauens, die sich um den alltäglichen Kleinkram bei der Bewirtschaftung der Immobilie kümmert und die ggf. auch über Vollmachten verfügt;

- eine Bankverbindung, mit der Sie auch vom Ausland aus sämtliche Dinge regeln können;

- einen professionellen Rechtsbeistand (Anwalt), der Sie auch aus der Entfernung rechtlich begleiten kann.

Wenn Sie Ihre Immobilie *verkaufen* wollen, dann sollte das am besten noch vor (!) Ihrer endgültigen Abreise passieren – erst recht, wenn aus dem Verkaufserlös das Auslandsvorhaben ganz oder teilweise finanziert werden soll. Je nach dem, welche Begleitumstände den Verkauf beeinflussen, kann sich ein solches Szenario auf die Festlegung des „Tag X“ unmittelbar auswirken. Denken Sie auch daran.

Natürlich ist ein Verkauf der Immobilie auch dann möglich, wenn man selbst bereits im Ausland lebt. Dabei sollte einem aber auch klar sein, dass das nicht gerade die optimalste Lösung ist, denn ein Immobilienverkauf ist immer eine sehr komplexe (und damit auch sensible!) Angelegenheit, bei der man besser selbst dabei sein sollte! Dazu kommt, dass hier dann sehr wahrscheinlich noch höhere Kosten entstehen, weil bei dieser Variante das Delegieren des gesamten Verkaufsablaufs mittels entsprechender Vollmachten an Makler und/oder Anwälte bzw. an eine professionelle Vertrauensperson eine unabdingbare Voraussetzung ist.

Wichtiger Hinweis: Sollten Sie sich für einen Immobilienverkauf aus der Distanz entscheiden, dann klären Sie dazu rechtzeitig und vollständig ab, wie Sie über den Verkaufserlös verfügen können, insbesondere hinsichtlich der geltenden Bestimmungen zum Finanztransfer!

Davon trenne ich mich!

Jeder kennt das irgendwie - je weiter die Zeit voranschreitet, umso mehr Episoden reihen sich in einer Art „gedanklichen Museum" aneinander, das wir in uns herumtragen. Um diesen individuell so denkwürdigen Momenten eine quasi „stoffliche Ewigkeit" zu verschaffen, füllen wir unsere Schränke, Häuser und Wohnungen mit sogenannten Andenken. Dazu kommen in Laufe der Zeit jede Menge andere Anschaffungen, die einem irgendwann einmal als nützlich eingeredet wurden bzw. weil es eben mal Mode war und der Nachbar auch so ein Ding hatte.

Erste Überlegung: Das kann man natürlich alles einpacken und mitnehmen. Nur,..... bedenken Sie dabei eines: Mit diesem „altehrwürdigen Plunder" geht auch die ganze „altehrwürdige Atmosphäre" mit auf Ihre Reise! Wer das für sein Wohlbefinden am neuen Standort im Ausland wirklich so braucht, der sollte diesen Hausstand - Komplettumzug auf jeden Fall organisieren. Wollen Sie das wirklich?

Wer allerdings seinen Aufbruch in ein neues Leben im Ausland als einen persönlichen „Befreiungsschlag" versteht, der wird sich folglich auch weitestgehend von der materiellen Kulisse seines bisherigen Lebens trennen wollen.

Zweite Überlegung: Das Sortieren zwischen *behalten* und *nicht behalten* ist ganz klar auch eine finanzielle Kalkulation. Behalten und Mitnehmen kann u.U. zu erheblichen Transportkosten führen (Überführung, Zoll, Weitertransport, ggf. Lagerung, etc.). Wer da nicht wirklich ein „konsequenter Nostalgiker" ist (der sowieso alles mitnehmen wird), der sollte sich bereits jetzt in der Vorbereitungsphase darüber schlau machen, in welcher Relation die voraussichtlichen Transportkosten im Vergleich zum Neukauf im Ausland stehen würden. Sehr wahrscheinlich gewinnt gerade bei Überseestandorten unterm Strich die Neuanschaffung vor Ort.

Und ganz abgesehen davon, mal ehrlich..... Sich am neuen Traumziel innerhalb der eigenen vier Wände passend zum neuen Lebensgefühl auch neu einzurichten, kann sich doch auch auf die Seele wie eine „Anti-Aging-Kur“ auswirken!

Dritte Überlegung: Die Haushaltsauflösung ist beschlossene Sache. Frage also: Was kann man davon wieder zu Geld machen? Schieben Sie diesen Teil des Sortierens nicht auf die lange Bank. Das kann möglicherweise dazu führen, dass man in den letzten Tagen vor der endgültigen Abreise den

Alltag improvisieren muss, quasi auf gepackten Koffern. Das ist aber ganz praktisch gesehen allemal besser, als noch am Tag vor der Abreise auf einen Interessenten für das Schlafzimmer oder das Auto zu warten. Spätestens 2 bis 3 Tage vor Abreise sollte man frei sein im Kopf für das Kommende!

AUFNAHMEBEREITSCHAFT

Die Herstellung der Aufnahmebereitschaft bedeutet, dass Sie am neuen Zielstandort alles für den Tag Ihrer endgültigen Ankunft vorbereiten sollten. Grundsätzlich empfehlen wir eine etwas breiter angelegte Recherche zu jedem der nachfolgenden Punkte, bevor Sie dann Entscheidungen treffen. Damit ist eine ausreichende Information gemeint (z.B. per Internet und *vor Ort* !), die u.a. auch Angebotsvergleiche zulässt. Das Erste muss nicht immer das Beste sein, vor allem bei den Themen Wohnen, Jobangebote, Autokauf, Versicherungen, bis hin zu der möglicherweise notwendigen Kontaktperson. Seien Sie nicht naiv und schauen Sie immer und überall genau hin!

An was sollten Sie dabei unbedingt denken:

Wohnen

Finden Sie vor Ort Ihr künftiges Wohndomizil (Mietobjekt oder Eigentum) und sichern Sie es sich „wasserdicht", d.h. es sollte Ihnen ab dem Tag Ihrer endgültigen Anreise uneingeschränkt und nutzbar zur Verfügung stehen!

Falls es sich um ein Mietobjekt handelt, sollten für Sie auch

- machbare Zahlungsmodalitäten,
- die Kautionshöhe,
- die Nebenkosten und
- ein fester Mietpreis (der rund ums Jahr gilt!)

vereinbart werden. Und dann noch die Frage nach der Wohnungseinrichtung. Möbliert oder unmöbliert kann sich ganz entscheidend auf den organisatorischen und finanziellen Aufwand bei der Herstellung der Aufnahmebereitschaft auswirken!

Letzteres gilt erst recht dann, wenn Sie sich für den Kauf oder den Neubau einer Wohnimmobilie entscheiden. Grundsätzlich – und das ist wirklich so gemeint (!) – ist man immer dann im Vorteil, wenn man am auserwählten Standort erst einmal für einige Zeit zur Miete wohnt, bevor dann eine Kaufentscheidung fällt! Das wäre schon deshalb sinnvoll, weil man in dieser Zeit die umgebende Nachbarschaft und Infrastruktur auf das damit verbundene eigene Wohlbefinden hin erstmal „testen“ kann!

Eine Immobilie im Ausland zu kaufen oder bauen zu lassen, gibt dem Punkt ´Wohnen´ ein ganz neues Gewicht, wenn das Objekt bei endgültiger Anreise bezugsfertig sein soll. Sollte eine solche Entscheidung auf Sie zukommen, dann behandeln Sie dieses Thema bitte generell als „Sonderposten“ in der Umsetzungsphase. Weshalb? Nun abgesehen davon, dass man sich schon per Internet über viele Einzelheiten zu einem solchen Vorhaben am Zielstandort einen recht guten Überblick verschaffen kann, sollten Sie die nachfolgenden zwei Hinweise dazu unbedingt ernst nehmen:

- Lassen Sie den *gesamten Handlungsablauf* von einer anerkannt seriösen Anwaltskanzlei und/oder von einem professionellen Maklerunternehmen vor Ort begleiten (also *niemals* der netten Barbekanntschaft von neulich Abend „ins Netz gehen“)! Fragen Sie dazu nach Referenzen bzw. sprechen Sie möglichst mit anderen ehemaligen Kunden über deren Erfahrungen mit diesen Leuten. Das beginnt bei den Besichtigungen vor Ort und geht über den (privatrechtlichen) Vorvertrag mit den darin enthaltenen Zahlungsmodalitäten bis hin zum notariellen Kaufvertrag und dessen Eintragung ins Grundbuch! Und vergessen Sie dabei nie: Ein ernsthafter Immobilieninteressent ist überall auf der Welt eine „äußerst begehrte (Kunden-)Spezies", gerade für die schwarzen Schafe in dieser Branche!

- Besonders beim Neubau einer Wohnimmobilie im Ausland ist dringend dazu zu raten, *vorab* ausführliche Angebotsvergleiche zu allen baulichen Details anzustellen. Darüber hinaus ist der direkte persönliche Kontakt aus der Distanz zu einer Vertrauensperson, die für Sie vor Ort den gesamten Bauablauf kontrolliert, absolut unerlässlich. Lassen Sie sich z.B. regelmäßig Fotomaterial zusenden, das die Einhaltung des gesamten Baufortschritts dokumentiert. Planen Sie für das Timing Ihrer Umsetzungsphase in diesem Fall auch persönliche Kontrollreisen vor Ort mit ein, bis hin zur Schlüsselübergabe!

Arbeiten

Kümmern Sie sich idealerweise schon jetzt um Ihre künftige Erwerbstätigkeit/Job und versuchen Sie, auch das schon vor Ihrer endgültigen Abreise so weit als möglich zu klären. Natürlich ist auch hier eine gründliche Job-Recherche vor Ort immer von Vorteil. Dazu gehören solche Punkte wie z.B. Arbeitszeit- und Urlaubsregelungen, mögliche Tätigkeitsbereiche, die Lohnzahlungsmodalitäten, ggf. erforderliche eigene Investitionen (z.B. das eigene Werkzeug?), die erforderlichen Dokumente (in der jeweiligen Landessprache und nach den dortigen Vorgaben) oder auch das Thema ´Sozialversicherung´. Denken Sie dabei z.B. auch an den möglicherweise größeren Sondierungs- bzw. Rechercheaufwand für den Aufbau einer geschäftlichen Selbständigkeit im Ausland (u.a. Marketing, Marktumfeld, Wettbewerber, Geschäftspartner, Vertragsgestaltungen, etc., um nur einige wesentliche Punkte aufzuzählen).

Gefällt Ihnen bereits während Ihrer Vor-Ort-Recherche ein Unternehmen besonders gut, dann wäre es doch sinnvoll, dass man sich gleich noch ein paar Tage mehr Zeit nimmt, um sich selbst zum (gratis) Probearbeiten anzubieten. Ein Vorschlag auch für Selbstständige könnte sein, sich als freier Mitarbeiter bei Unternehmen und/oder Agenturen vorzustellen (Stichworte Initiativbewerbung / Outsourcing / Home Office).

Ganz besonders anzuraten ist dies bei Jobzusagen aus der Ferne. Hier sollte man grundsätzlich zunächst einmal skeptisch sein, denn es kann mitunter ein gewisses (Rest-) Risiko für Sie bestehen. Stellen Sie sich doch nur einmal folgendes vor: Sie haben die Arbeitsstelle vorab nicht kennengelernt und es würde nach einiger Zeit zur Trennung kommen..... und dann? Bevor hier Nägel mit Köpfen gemacht werden und Sie in der alten Heimat bereits alle Zelte abbrechen (mit all den damit verbunden Kosten und finanziellen Risiken), sind weitere Informationen und einige Schnuppertage in der betreffenden Firma vor Ort im Ausland (Arbeitsbedingungen, Betriebsklima, gegenseitiges Kennenlernen, etc.) dringend zu empfehlen. Und beachten Sie immer auch einen möglichen Zusammenhang zwischen Arbeitsstelle und Aufenthaltsgenehmigung!

Mobilität

Zu entscheiden ist vorab natürlich grundsätzlich, welche Art Mobilität Ihnen *gleich zu Anfang* zur Verfügung stehen muss! Falls Sie Ihr Fahrzeug nicht mitnehmen werden, sollten

Sie schon vorab wissen, wo sich Ihr favorisierter Autohändler befindet oder welche Informationsquellen vor Ort (z.B. Internet und/oder lokale Printmedien) die besten Angebote bereithalten. Damit sind Sie auf der sicheren Seite und verhindern, dass Sie nach Ihrer Anreise nicht gleich mehrere wertvolle Tage mit der Autosuche verlieren oder ggf. unter Zeitdruck eine zu hastige Kaufentscheidung treffen. Dort, wo entsprechende infrastrukturelle Voraussetzungen gegeben sind, macht es ggf. auch Sinn, die eigene Mobilität (zunächst) mit öffentlichen Verkehrsmitteln sicherzustellen.

Banking

Richten Sie am besten jetzt schon eine Bankverbindung ein. Die Vorteile liegen dabei klar auf der Hand: Man kann damit bereits vor der Ankunft deutlich höhere Geldbeträge transferieren als das bei der limitierten Mitnahme von Barbeträgen im Reisegepäck möglich wäre (Hinweis: Informieren Sie sich bei Überweisungen generell über mögliche Deklarationspflichten.). Damit sind dann z.B. schon vom ersten Tag an größere Anschaffungen am neuen Standort möglich. Das wäre bei einer Kontoeröffnung nach Anreise z.B. nicht der Fall, da man i.d.R. mit einigen Tagen für Bearbeitungszeiten sowie anschließenden Überweisungsfristen zu rechnen hätte.

Falls die Bank Ihrer Wahl im Ausland eventuell sogar Filialen in Ihrer „alten Heimat“ unterhält, wäre es doch allemal sinnvoll, schon hier ein Konto zu eröffnen, das dann am neuen Standort im Ausland sofort nutzbar ist!

Ein weiterer Hinweis bezieht sich auf bargeldlose Zahlungsmittel. Damit sind Kreditkarten, prepaid Kreditkarten, klassische Bankkarten und Travellerschecks gemeint.

Informieren Sie sich rechtzeitig bei Ihrer Bank über die verschiedenen Leistungsmerkmale dieser Geldinstrumente und deren Akzeptanz im betreffenden Ausland. Die Stichworte hier: Verfügungsrahmen, Verfügbarkeit, Kosten, Sicherheit und Ersatz bei Verlust.

Networking

Generell geht es hier um Entscheidungen über den Aufbau notwendiger bzw. nützlicher Kontakte am neuen Standort. Da es hier um die Herstellung der Aufnahmebereitschaft geht, sind zunächst diejenigen Teile des künftigen (Kontakte-)Netzwerks gemeint, die *vor* der endgültigen Abreise schon bestehen/funktionieren sollten (z.B. zum künftigen Vermieter, zu einem Anwalts- und/oder Maklerunternehmen, zur neuen Hausbank, zur künftigen Arbeitsstelle bzw. Bildungseinrichtung oder ggf. auch zum dortigen Rathaus, etc.). Ganz allgemein ist es immer empfehlenswert, eine seriöse Kontaktperson ausfindig zu machen, die Ihnen für die verbleibende Zeit bis zur Ankunft am Zielstandort jederzeit behilflich sein kann. Später dann, wenn Sie angekommen sind, werden Sie darüber hinaus Schritt für Schritt Ihr ganz individuelles Networking ausbauen können.

Schulkinder

Wenn Schulkinder mitkommen sollen wäre vorab zu klären, in welcher Bildungseinrichtung und ab wann die Kids wieder in den Lernprozess einsteigen können. Die entsprechenden Fragen, die dazu schon vorab beantwortet werden sollten, betreffen

- die sprachlichen Anforderungen,
- die Anmeldefristen,
- Kosten und Gebühren sowie
- spezielle Voraussetzungen, die für eine Fortsetzung des Bildungsweges gegeben sein müssen.

Denken Sie bitte auch daran: Nicht immer ist ein glatter Wechsel bei den Schuljahren von Stufe zu Stufe möglich (verschiedene Schulsysteme in verschiedenen Ländern). Hier kann es dann im Ausland mitunter auch schon mal zu Neueinstufungen kommen, möglicherweise auch für den Fall, dass der Einordnung der Kinder in den normalen Schulrhythmus eine längere fremdsprachliche Vorbereitungszeit vorangestellt werden muss.

Betreuungspersonal

Pflege, Betreuung, Beaufsichtigung sind hier die passenden Stichworte. Das kann ältere Familienmitglieder betreffen, die mit ins Ausland gehen, oder aber auch die Familie mit kleinen Kindern. Gerade für Eltern, wo beide für ihren erfolgreichen Neustart im Ausland von Anfang an berufstätig sein müssen, könnte sich eine private Tagesbetreuung der Kinder - eine „Nanny“ eben - als nützlich erweisen. Sollten Sie sich in dieser Situation befinden, dann wäre dazu zu raten, auch diesen Punkt schon im Zuge der Herstellung der Aufnahmebereitschaft abzuklären und bereits jetzt eine geeignete Person für diese verantwortungsvolle Aufgabe zu finden. Natürlich wissen alle, dass sich gerade bei dieser Thematik so manches „per mündlicher Zusage“ machen lässt. Das ist nicht nur bedenklich hinsichtlich entsprechender rechtlicher Regelungen (sofern es dort welche dafür gibt), sondern vor allem auch in Bezug auf die möglichen juristischen und finanziellen Folgen, wenn irgendein „Missgeschick“/Unfall etc. passieren sollte!

So oder so – geeignetes Betreuungspersonal zu finden, kann schon mal einige Zeit in Anspruch nehmen. Soll heißen: Wer am neuen Zielstandort sofort darauf angewiesen ist, der sollte diesen Punkt unbedingt *vorab* klären!

Versicherungen

Worum es hier geht, ist mit wenigen Worten gesagt: Stichwort *nahtloser Anschluss*!

Bestehende Versicherungen im Kontext eines Auslandsvorhabens (Krankenversicherungen, Unfallversicherungen, Reiseversicherungen, etc.) sollten zunächst erst einmal daraufhin geprüft werden, ob deren Geltungsbereich auch Ihren neuen Zielstandort mit einschließt. Auf jeden Fall sollten diese noch bestehenden Versicherungen solange wirksam bleiben, bis sie eventuell durch andere geeignete Verträge im Ausland ersetzt werden können!

Kommunikation

Fast ist es schon überflüssig daran zu erinnern, dass selbstverständlich ab dem Tag Ihrer Ankunft eine sofortige Kommunikation bzw. Erreichbarkeit möglich sein sollte (z.B. erst einmal ein prepaid Handy und/oder ein Internetzugang für Skype / Email).

DOKUMENTE

Generell:

Zu den Themen ´Einreise- und Zollbestimmungen´ sowie ´Aufenthalts- und Arbeitsgenehmigungen´ sollten Sie auf jeden Fall die zuständigen diplomatischen Vertretungen Ihres Ziellandes (Botschaft und Konsulate) konsultieren. Auch das jeweilige Fremdenverkehrsamt bzw. Tourismusbüro kann Ihnen wertvolle Informationen geben. Darüber hinaus ist zu empfehlen, auch im Zielland selbst einen Rechtsbeistand (Fachanwalt oder professionelle Einreiseagentur) zur Erledigung diverser Formalitäten (z.B. Anträge bei Behörden) hinzuzuziehen.

Nehmen Sie immer die Originale mit! Alle Dokumente sollten vor Abreise maximale Gültigkeit besitzen. Warum?..... Weil es in der Regel sehr viel aufwendiger bzw. schwieriger und auch teurer wäre, sie vom Ausland aus ggf. zu verlängern oder deren Gültigkeit wieder herzustellen.

Je nach dem, was Sie privat und/oder beruflich am neuen Standort vorhaben - informieren Sie sich schon jetzt ganz genau darüber, welche Dokumente Sie dort im Ausland benötigen bzw. vorweisen, abgeben und/oder hinterlegen müssen. Die konsularische Vertretung Ihres künftigen Gastlandes kann Ihnen dazu exakte Informationen geben und auch sagen, welche Dokumente Sie amtlich übersetzen und mit einer Apostille (Beglaubigung, die die Echtheit eines Dokuments sowie dessen Siegel und Unterschrift bestätigt) versehen lassen müssen, damit sie am Zielstandort als rechtsgültig anerkannt werden!

Informieren Sie sich auch darüber, für welche Ihrer Dokumente, Titel, Qualifikationen, Leistungsnachweise,

Berechtigungen, Erlaubnisscheine, etc. Sie eine Homologation (Beglaubigung zur inhaltlichen Übereinstimmung und Anerkennung von Zeugnissen, Schriftstücken und technischen Dokumentationen) benötigen, damit diese im betreffenden Ausland ebenfalls anerkannt werden! Auch hier hilft das zuständige Konsulat entweder direkt oder mit den notwendigen Kontakten.

Beschaffen Sie sich noch fehlende Dokumente bereits jetzt (!) in der Vorbereitungsphase, selbst dann, wenn Sie sie nicht sofort für Ihren Start im Ausland benötigen, sondern vielleicht erst einige Zeit später. Zwei kleine Beispiele aus dem ganz realen (Auswanderer-)Leben sagen Ihnen warum:

Jemand geht ins Ausland, baut sich eine neue Existenz auf und findet eine einheimische Partnerin, die er heiraten will. Dazu braucht er aber u.a. eine als Original erkennbare Geburtsurkunde, die amtlich übersetzt und mit Apostille versehen werden muss. Das ganze Prozedere ist kein besonders großer Akt, solange man sich noch in der „alten Heimat“ selbst darum kümmern kann. Wer das aber aus tausenden Kilometern Entfernung bewerkstelligen muss, der sollte viel Geduld mitbringen und die ggf. erheblichen Transferkosten mit berücksichtigen.

Zu welchem Aufwand so etwas führen kann, zeigt auch das folgende Szenario: Alleinerziehend mit Kind und ab ins Ausland - das setzt rein formaljuristisch erst einmal voraus, dass man das Sorgerecht über den Nachwuchs ausüben darf und das auch amtlich dokumentiert beweisen kann (z.B. beglaubigte und mit Apostille versehene Geburtsurkunden; notariell beurkundete Einverständniserklärung des getrennt lebenden Elternteils zur Übergabe des Sorgerechts bzw. weitere ähnliche Dokumente)!

Das gilt ganz besonders dann, wenn das Kind erst etwas später nachgeholt werden soll, weil z.B. das laufende Schul- bzw. Ausbildungsjahr noch nicht beendet ist. Unterschätzen Sie diesen Papierkram auf gar keinen Fall und erledigen Sie diese Details unbedingt *bevor* die Reise losgeht! Der Versuch, solche Dokumente im Nachhinein aus der Ferne zu organisieren (möglicherweise noch zuzüglich einer juristische Auseinandersetzung dazu mit dem/der Ex), kann u.U. die Trennung zwischen dem bereits im Ausland lebenden Elternteil und dem Kind erheblich verlängern mit all den damit verbundenen psychischen Belastungen und enormen Zusatzkosten für Anwälte, Notare, Kurierdienste, etc.!

Checkliste Dokumente

- Personalausweis
- Reisepass
- Führerschein (Hier sollten Sie sich darüber informieren, ob im Zielland Ihr nationaler Führerschein die gleiche zeitliche und inhaltliche Gültigkeit besitzt oder ob es ggf. ratsam wäre, mit einem internationalen Führerschein einzureisen. Der könnte dann als eine Art Übergangsdokument dienen, bis man den Führerschein des Gastlandes erworben hat.)
- Blutgruppenausweis
- Impfausweis
- polizeiliches Führungszeugnis

- sämtliche Vertragsdokumente, die beibehalten werden sollen (z.B. Versicherungspolicen, Bankverträge, etc.)

- Kreditkarten/Bankkarten mit den dazugehörigen Vertragsdokumenten

- Empfehlungsschreiben (z.B. Bonitätsnachweis von Ihrer Bank oder Reputationsschreiben)

- Kfz.- Dokumente, sofern das Fahrzeug mit ins Ausland geht

- sämtliche Dokumente zu den im Besitz verbleibenden Immobilien

- Heirats- bzw. Scheidungsdokumente (Geburtsurkunde, Familienstammbuch, Heiratsurkunde, Scheidungsurteil)

- Abmeldebescheinigung bei der zuständigen Meldebehörde (falls das erforderlich ist)

- sämtliche Qualifikationsnachweise (Zeugnisse, Diplome, Urkunden, Berechtigungsscheine, etc.)

- alle Unterlagen, die den Verlauf der bisherigen Erwerbstätigkeit dokumentieren (Arbeitsverträge, Kündigungen, Sozialversicherungs- und Rentennachweise, etc.)

- Sonderdokumente (z.B. Patente, Lizenzen, Behindertenausweise)

- ärztliche Atteste

- Anamnese- Dokumentation (Es ist immer sinnvoll, sich vor Abreise vom Hausarzt eine Krankengeschichte ausfertigen zu lassen, die bei Bedarf dann auch im Ausland einer weiteren Behandlung zugrunde gelegt werden kann.)

- Testament (falls vorhanden); (Je nachdem, wo die bedachten Erben ihren Wohnsitz haben, sollte das Originaltestament bei einem dort ansässigen Rechtsanwalt hinterlegt werden.)

- sämtliche Unterlagen, die Sie über den neuen Zielstandort bislang dokumentarisch zusammengetragen haben (z.B. Kartenmaterial, Länderinfos, etc.).

Tipp: Machen Sie von allen Dokumenten die Sie mitnehmen eine oder besser noch mehrere Kopien auf verschiedenen Speicherplätzen- bzw. Medien. Lassen Sie ggf. eine komplette Doku- CD als Kopie bei einer Vertrauensperson in Ihrer „alten Heimat“ zurück.

Hinweis zu Verträgen generell (Arbeits-, Miet-, Pacht-, Kauf-, Versicherungs-, Raten-, Finanzierungs-, Leasingverträge, etc.):

Wenn immer es um Verträge geht, sollten Sie sich gerade auch im „Erledigungs-Marathon“ eines intelligenten Auslandsvorhabens die Zeit dafür nehmen, das Kleingedruckte Zeile für Zeile zu Lesen *und zu verstehen* ! Holen Sie sich auch hier ggf. professionellen Rat (z.B. bei Beratungsstellen), denn eventuell später dann auftretende Unklarheiten sind vom Ausland aus nur mit sehr viel Zeit- und Kostenaufwand zu regeln!

ABKOPPELN

Hier ist das intelligente „Aussteigen" aus Ihrem bisherigen Umfeld an der Reihe.

Generell ist zu sagen: Sind noch Dinge zu regeln, dann sollten Sie die jetzige Phase sozusagen als „letzte Ausfahrt" betrachten.

- Je nach dem, auf welcher vertraglichen Basis Ihre berufliche bzw. Erwerbstätigkeit im Einzelnen geregelt ist, kommt es jetzt darauf an, ein *optimales Timing* für den „großen Cut" zu finden. Ok, es gibt (im Normalfall) geregelte Kündigungsfristen und Urlaubsansprüche für Arbeitnehmer bzw. vertragliche Regelungen mit Geschäftspartnern, die entsprechende Klauseln für den Fall der Geschäftsbeendigung vorsehen. Daraus ergibt sich ein Teil der Aufgabe. Clever gemanaged wird die ganze Sache von Ihnen aber erst dann, wenn Sie auch die folgende Frage durchdenken:

  Wann sage ich meinem Chef bzw. meinen Geschäftspartnern überhaupt das erste Mal etwas von den laufenden Vorbereitungen zu meinem Auslandsvorhaben(!)?

  Ein kluger Chef bzw. Geschäftspartner wird die Ernsthaftigkeit Ihres Entschlusses, wegzugehen, gut heißen und Ihnen ein Viel Glück mit auf den Weg geben. Aber - könnten Sie sich in Ihrer ganz speziellen Situation wirklich darauf verlassen.....? Mit anderen Worten: Cleveres Timing sollte unbedingt auch berücksichtigen, dass Ihnen keinerlei Nachteile mehr aus diesen Entscheidungen entstehen können! Das gilt natürlich gleichermaßen für die Beendigung von Mitgliedschaften in Organisationen, Parteien, Clubs, Vereinen, etc. und erst recht für den Fall, wenn Sie noch auf irgendein „Bonbon" warten, das Ihnen bereits in Aussicht gestellt ist! Und – wäre es nicht sowieso das Beste, Ihren („alten") Chef bzw. Geschäftspartner erst dann über die anstehende Veränderung zu informieren, nachdem der neue Job bereits „in trockenen Tüchern" ist (!)?

Das Stichwort *Diskretion* gegenüber dem (Noch-) Arbeitgeber bzw. anderen Geschäftspartnern bekommt aber noch eine ganz andere Dimension, wenn Sie sich z.B. in der Situation befinden, Ihre Erwerbstätigkeit bereits jetzt schon „zweigleisig fahren" zu können! Sie arbeiten zwar größtenteils noch im Hier-und-Jetzt, aber trotzdem auch schon von Zeit zu Zeit für Ihren „neuen Arbeitgeber" und/oder zeitweise bereits direkt an Ihrem zukünftigen Lebensmittelpunkt im Ausland! Diese (diskrete) Zweigleisigkeit in der Übergangsphase ist gerade für selbständige Gewerbetreibende und Freiberufler eine erprobte Methode, um sich schon lange vor der eigentlichen Ankunft im Ausland peau-a-peau dort eine berufliche Existenz aufzubauen!

- Sind mehrere Personen an einem Auslandsvorhaben beteiligt, dann steht in direktem Zusammenhang mit der Erstellung eines sinnvollen Timings die Beantwortung der Frage:

  Gehen alle gemeinsam und zum gleichen Zeitpunkt „rüber" oder erfolgt dieser Schritt für die teilnehmenden Personen zu unterschiedlichen Zeitpunkten? Diese in der Praxis einer ´Option Ausland´

häufig zu entscheidende Frage soll gleich hier im Kontext eines optimalen Timings etwas detaillierter angesprochen werden.

Gemeinsam und zeitgleich setzt zunächst voraus, dass das Abkoppeln bei allen ebenfalls gleichzeitig erfolgen könnte und zu einem mehr oder weniger gleichen Zeitpunkt dann auch bei allen Beteiligten abgeschlossen wäre.

Zeitversetzt nacheinander wegzugehen ist vor allem dann anzuraten bzw. sinnvoll, wenn verhindert werden soll, dass es u.U. zu einer anfänglichen Überbrückungszeit ohne Einkünfte am neuen Standort kommen könnte! Das Abkoppeln kann nacheinander erfolgen und der „Erstgeher" könnte am neuen Standort bereits damit anfangen, Geld zu verdienen.

Natürlich entsteht hier sofort auch die Frage: Wer geht zuerst und warum? Sofern das auch auf Sie zutreffen könnte, wäre es auf der Grundlage der zwischen allen Beteiligten vereinbarten Prioritäten zu beantworten. Da können ganz verschiedene Gründe ausschlaggebend sein. Beim Paar XY z.B. geht SIE zuerst, weil sie bereits einen lukrativen Arbeitsvertrag in Aussicht hat. In der Familie ABC ist man sich schnell darüber einig geworden, dass Vater und Sohn vorausgehen, um das Familiengeschäft erst einmal soweit zum Laufen zu bringen, bis die Familie dann nachkommen kann.

- Eine weitere wichtige Überlegung betrifft das Thema ´Timing und schulpflichtige Kinder´. Im Grunde stehen zwei Optionen zur Auswahl:

Entweder erfolgt die Abreise erst dann, wenn die Kinder den derzeit laufenden Schul-, Ausbildungs- bzw. Studienzyklus abgeschlossen haben oder aber rechtzeitig vor Beginn des neuen Schuljahres am Zielstandort.

Oder aber, der Abreisezeitpunkt orientiert sich an den für die Eltern günstigsten Bedingungen mit der Folge, dass der laufende Schul- bzw. Ausbildungsprozess der Kinder dafür ggf. unterbrochen würde.

(In beiden Fällen wäre auf das richtige und rechtzeitige Prozedere der Abmeldung zu achten!)

Die Frage steht also im Raum: Wäre es ggf. ratsam, für die Optimierung Ihres Auslandsvorhabens insgesamt das Timing in der Umsetzungsphase nach der Bildung/Ausbildung der Kinder auszurichten?

- So oder so - das Thema ´erforderliche Sprachkenntnisse´ haben wir schon an mehreren Stellen des Buches mit einem dicken Ausrufezeichen hervorgehoben. Verantwortungsbewusst und vorausschauend handelnde Eltern im Kontext einer ´Option Ausland´ sind am besten beraten, wenn sie dieses Thema konsequent für sich selbst und für die Kinder (!) mit in die Umsetzungsphase hineinpacken, also vor der endgültigen Abreise.

- Weiterhin: Überprüfen Sie jetzt alle Ihre vertraglichen Bindungen (wie z.B. Versicherungen, finanzielle Verbindlichkeiten, Mitgliedschaften, etc.) dahingehend, was Sie davon auch künftig vom Ausland aus beibehalten wollen bzw. müssen. Klären Sie dazu auch die entsprechenden Modalitäten, d.h. wie diese Dinge von Ihnen aus der Distanz heraus bedient bzw. kontrolliert werden können. Falls erforderlich, erteilen Sie rechtkräftige (ggf. notarielle) Vollmachten an eine Person Ihres Vertrauens. Das Timing für die Beendigung bestehender Verträge (z.B. Mietvertrag, Mitgliedschaften, Versicherungen, etc.) sollte so weit als möglich immer unter Beachtung der einzuhaltenden Kündigungsfristen erfolgen, um Kosten verursachende Nachteile wie Konventionalstrafen oder automatische Laufzeitverlängerungen zu vermeiden! Das gilt selbstverständlich auch für Fristen, die mit der Zuteilung von Erträgen aus Lebensversicherungen und anderen Ansparkonzepten enden!

..... Und da war doch noch was?..... AHA !

Intelligentes Abkoppeln verlangt aber auch eine nochmalige Revision Ihrer derzeitigen Ausgangssituation hinsichtlich folgender Überlegungen:

Bei welchen Themen macht es wirklich Sinn, sie noch in der „alten Heimat" zu organisieren, weil es hier

- schneller geht,
- günstiger zu haben ist,
- eine deutlich bessere Qualität hat,
- Dinge gibt, die mit rechtlichen Vorteilen verbunden sind, die man im betreffenden Ausland vergleichsweise nicht oder nicht in diesem Umfang bekommen würde (z.B. die Gültigkeitsdauer des Führerscheins

in Abhängigkeit von periodischen Gesundheitschecks sowie sein inhaltlicher Geltungsumfang),

- weil man damit (gemeint sind z.B. Qualifikationsnachweise, Titel, Berechtigungs- und Erlaubniszertifikate usw.) im betreffenden Ausland eine höhere offizielle Anerkennung erreichen könnte?

Denken Sie mal darüber nach, denn dieser Hinweis könnte sich u.a. lohnen bei

- anstehenden medizinischen Behandlungen (auch Zahnarzt),
- der Aktualisierung von Vorsorgeimpfungen und medizinischen Attesten,
- dem zu empfehlenden Bodycheck relativ kurz vor der Abreise,
- der ausreichenden Beschaffung notwendiger Medikamente. Damit hätte man dann z.B. am neuen Standort genügend Zeit zu recherchieren, ob die gleichen Medikamente im dortigen Handel erhältlich sind oder ggf. nur ähnliche, die dann erst einmal ausgetestet werden müssten.
- den Themen Brille, Hörgerät und anderes medizinisch-technisches Gerät für den Hausgebrauch,
- dem Erwerb spezieller Lizenzen (z.B. für den Wassersport, Flugsport, Jagdsport) oder ganz allgemein auch

- bei der Anschaffung von technischem und elektronischem Equipment, welches im betreffenden Ausland möglicherweise nur schwierig oder nur in unzureichender Qualität zu beschaffen wäre. (Hinweis: Achten Sie dabei auf die Kompatibilität dieser Dinge in Bezug auf Stromanschluss und ggf. notwendige Adapter.).

GESCHAFFT ! .... Der letzte Vorhang ist gefallen. Nur noch ein einziges Häkchen fehlt ganz unten auf der großen To-Do-Liste:

Die Abschiedsparty !

Machen Sie auf jeden Fall eine (!).......... und fröhlich soll es da zugehen, denn hier wird niemand „beerdigt"! Nein - genau das Gegenteil findet statt..... Sie werden an diesem Tag „neu geboren"! Seien Sie sich dessen absolut bewusst, denn nichts ist befreiender, als von unseren Wünschen zu reden, während sie schon in Erfüllung gehen.

KAPITEL 5 ANKOMMEN – Was erwartet mich ?

WILLKOMMEN - BIENVENUE - WELCOME - BIENVENIDOS..... Endlich – Sie sind angekommen! Sie heben den Blick..... Sie schauen sich um..... und wie eine Welle erfasst Sie ein erster bunter Cocktail aus überwältigenden Eindrücken. Augenblicklich verwandelt sich dieses spontane Gefühl in eine unglaubliche Euphorie.

„Hallo, hier bin ich.....!" ruft Ihre innere Stimme ganz laut. Aber,..... erwartet Sie Ihr neues Lebensumfeld denn auch mit der gleichen Begeisterung? Wohl eher nicht. Mag sein, dass das an dieser Stelle ein wenig unromantisch klingt. So aber ist es gar nicht gemeint. Bitte haben Sie noch ein wenig Geduld mit sich selbst, denn bis Sie wirklich *angekommen* sind, gibt es noch einiges zu tun.

Klar, Sie sind bestens vorbereitet. Also her mit Ihrer To-Do-Liste, ran` damit an die Pinnwand und dann „mit Vollgas los", um alles so schnell wie möglich zu regeln..... FALSCH !..... RICHTIG geht ganz anders! Lichtschalter an..... Ok, Wasserhahn auf..... Ok, Wohnung..... Ok! Und jetzt sollten Sie noch vor allem anderen Ihre Dokumente, Unterlagen, Datenträger, größere Barbeträge, Travellerschecks und andere Wertgegenstände an einem sicheren Ort (z.B. Haussafe, Bankschließfach, Notar/Anwalt oder bei einer Person Ihres Vertrauens) aufbewahren!

Gesagt – getan. Jetzt können Sie erst einmal tief durchatmen.

Gehen Sie`s in den ersten Tagen gemütlich an! Koffer auspacken und ´ne Runde drehen ist angesagt, vielleicht sogar mit Ihrer bisherigen Kontaktperson als Guide und mit einem Zwischenstopp im nächsten Lecker-Restaurant. Akklimatisieren Sie sich und werden Sie auf keinen Fall sofort superaktiv. Beobachten Sie völlig unvoreingenommen (d.h. ohne Bewertung) das Geschehen und nehmen Sie all das Neue um Sie herum zunächst einfach nur auf. Lassen Sie es in aller Ruhe sacken. Das ist ganz besonders für die *tatsächlichen Neuankömmlinge* zu empfehlen, denn wie sonst sollten gerade sie eine möglicherweise aufkommende Reizüberflutung auch verarbeiten? Körper und Geist brauchen eben ein paar Tage, bis man sich auf`s erste in der neuen Umgebung zurechtfindet.

Es dauert normalerweise nicht sehr lange, bis die anfänglichen Emotionen ganz automatisch soweit „heruntergefahren" bzw. „verdaut" sind, sodass aus der quasi ersten „rosaroten" wieder eine „Klarsichtbrille" wird. Über diese Adaptionsbrücke geht man als Neuling immer irgendwie und schon nach einiger Zeit dann gewinnt die sogenannte ´selektive Wahrnehmung´ (mentale Anpassung) in uns wieder die Oberhand. Und das ist auch gut so, denn wenn es jetzt bei der Abarbeitung Ihrer *Incoming - Agenda* um die Erledigung etlicher Aufgaben geht, sollten Sie dabei immer mit einem klaren Blick und möglichst ohne (Zeit-)Druck handeln.

Selbstverständlich bleibt Ihnen dabei die Begeisterung für alles Neue um Sie herum völlig erhalten. Betrachten Sie diese anfänglichen Außer-Haus-Aktivitäten gleichzeitig auch als Entdeckungs- und Erkundungsfahrten in Ihrem neuen Umfeld. Und wenn immer es möglich ist, sollten alle gemeinsam diese Erledigungstouren durchführen. Entweder gezielt oder aber ´en passant´ so ganz nebenbei wird man dabei natürlich auch schon mal nach den Kultur- und Freizeitangeboten schauen. Man fährt mal vorbei am nächsten Krankenhaus, der Arztpraxis, der Polizeidienststelle, der Schule, etc. und - klar doch - mit Sicherheit steht das nächste große Shoppingcenter mit all den dazugehörenden Angeboten ganz oben auf der Neugier-Skala.

Am besten, Sie drucken sich gleich zu Beginn eine Karte zur Orientierung aus dem Internet aus, die Sie dann auch immer dabei haben sollten und tragen Sie alles Wichtige schon unterwegs ein. In der Wohnung gibt es dann bestimmt aber auch noch eine freie Stelle, wo man eine zweite detaillierte Übersichtskarte (z.B. Stadtplan) mit all den entsprechenden Markierungen, Eintragungen und Notizen vervollständigen und an die Wand hängen kann. Das sieht zwar nicht besonders cool aus, ist aber unglaublich effektiv für den eigenen „Gedächtnis-Scan“ (Stichwort ´Mindmapping´). Damit das niemand falsch versteht: Nichts gegen ein tolles GPS-Gerät, was zweifellos eine der nützlichsten Erfindungen ist. Aber wenn`s mal darauf ankommen sollte, keine Sekunde zu verlieren, dann ist das eigene „Kopf-GPS“ garantiert viel schneller und verlässlicher programmiert und abrufbar als die Hightech-Variante! Eine der ersten Aktionen beim Kennenlernen des lokalen Umfeldes sollte dann auch ein *sichtbar aushängendes* Notfallverzeichnis (!) sein, natürlich mit allen betreffenden Telefonnummern sowie der Kenntlichmachung, wie man ggf. am schnellsten zum nächstgelegenen Krankenhaus kommen könnte.

Spezieller Hinweis an dieser Stelle: Falls das auf Sie zutreffen könnte, denken Sie auch daran: Wer kein Problem damit hat, in Gegenden zu wohnen, die möglicherweise auch mal zum Einzugsbereich - salopp gesagt - unliebsamer Naturschauspiele werden könnten, der sollte sich rechtzeitig einen sicheren Fluchtplan/Fluchtweg sowie eine Notfallausrüstung zurechtlegen!

WOMIT BEGINNEN ?

Ok – Sie haben ihn bestimmt schon im Reisegepäck! Falls nicht, wird es jetzt höchste Zeit, einen aufzustellen: Den *Aufgaben-Ablauf-Plan* !

„Wozu der Aufwand – ich weiß doch, was ich will“ könnten Sie an dieser Stelle vielleicht denken. Aber bitte, lassen Sie uns kurz über den Sinn einer solchen Planung nachdenken.

Ein *Aufgaben-Ablauf-Plan* stellt im übertragenen Sinn das Drehbuch für eine systematische und wirklich durchdachte Vorgehensweise dar und verringert somit Ihr Fehlerrisiko!

1. Um Entscheidungen optimal treffen zu können, sollten immer mehrere Möglichkeiten/Varianten recherchiert und durchdacht sein! Nur so kann man das Risiko vorschneller und ggf. *nicht aufeinander abgestimmter* einzelner Entscheidungen verringern oder ausschalten.

2. Eine solche Planung bietet Ihnen die Möglichkeit, eine logische Reihenfolge bei der Festlegung von Prioritäten einzuhalten!

3. Eventuell bauen Sie bewusst das eine oder andere Zwischenziel mit ein. Belohnen Sie sich selbst mit irgendetwas Besonderem, sobald Sie es erreicht haben! Das tut nicht nur unglaublich gut, sondern motiviert auch zugleich für den nächsten Schritt.

4. Überprüfen Sie regelmäßig, ob Sie noch „auf Kurs" sind, vor allem bei der finanziellen Absicherung Ihres Weges. Sollte es notwendig sein, ggf. Korrekturen innerhalb der einen oder anderen Etappe vorzunehmen, dann könnte ein solches Drehbuch bereits jetzt entsprechende „Plan-B"-

Varianten beinhalten, auf die man dann ohne Zeitverlust und in aller Ruhe (!) zurückgreifen könnte.

Der Aufgaben-Ablauf-Plan beinhaltet

- die ´Incoming-Agenda´,
- die Herstellung des eigenen ´Mikrokosmos´,
- den Beginn Ihrer ´Integration´.

Die Incoming-Agenda beinhaltet also all jene technisch-organisatorischen sowie administrativen Erledigungen, die gleich zu Beginn durchgeführt werden sollten. Die wichtigsten Punkte (falls sie nicht schon bei der Herstellung der Aufnahmebereitschaft erledigt wurden - siehe Kapitel 4) sind:

- Sicherstellung der Grundversorgung
  Dazu zählen das Wohnen (Wasser- und Energieversorgung), die Kommunikation (Telefon, TV, Internet) sowie Banking (Konto, Zahlungsmittel, Geldtransfer, etc).

- Herstellung der eigenen Mobilität
  Das kann in Städten und Ballungsräumen zunächst durchaus wahlweise auch mit öffentlichen Verkehrsmitteln erfolgen. Außerhalb hingegen wird wohl die Beschaffung eines geeigneten Fahrzeugs ganz oben auf der Liste stehen.

- Anmeldungen bei Behörden und Einrichtungen
  Das betrifft i.d.R. Meldestellen (z.B. im Rathaus), Bildungs- und Ausbildungseinrichtungen, etc.. Falls erforderlich, fällt unter diesen in der Praxis relativ aufwendigen Punkt auch die Beantragung von Sozialversicherungs- und Steuernummern sowie ggf. die An- bzw. Ummeldung eines Fahrzeuges und

/ oder auch die Beantragung / Ausstellung eines inländischen Führerscheins.

- Bedarfs- und Kostenkalkulation
  Dieser Punkt ist von Beginn an besonders wichtig und bedeutet, dass man sich recht schnell im Klaren darüber sein sollte, was man einerseits wirklich zum Leben braucht und was man sich andererseits auch tatsächlich leisten kann.

- Jobsuche
  (falls noch nicht geschehen; Bewerbungsunterlagen / Vorstellungsgespräche)

- Preisvergleiche
  Hier geht es im Wesentlichen darum, sich schnellstmöglich einen Überblick darüber zu verschaffen, wo es was zu welchem Preis gibt.

- Versicherungen
  (z.B. Hausrat-, Kfz-, Kranken-, Haftpflicht-, etc.)

- Kontaktaufbau
  Hierbei geht es zunächst um die Herstellung erster, wichtiger Kontakte (z.B. Dolmetscher, Anwalt, Arzt, Personal).

Generell ist zum Thema ´Incoming´ folgendes anzumerken:

Vorausgesetzt, es gibt kein größeres Sprachproblem, ist immer zu empfehlen, diese Erledigungen selbst durchzuführen (Kennenlernen des lokalen Umfeldes und Mindmapping). Allerdings gibt es in vielen Ländern aber auch auf Ausländer spezialisierte Incoming-Agenturen („incoming-agency" im englischen Sprachraum / „gestoria" im spanischen Sprachraum), die gegen Honorar einen Großteil dieser organisatorischen Abläufe bei einem Neustart im Ausland für Sie erledigen können.

Die Herstellung des eigenen Mikrokosmos meint ganz allgemein die Erschließung der *eigenen Infrastruktur*. Das kann manchmal recht schnell gehen oder aber es dauert etwas länger - je nachdem, wie am neuen Standort oder bei den betreffenden Personen die „Dinge so liegen“. Sind mehrere Personen beteiligt, dann muss selbstverständlich auch noch eine funktionierende Abstimmung zwischen den einzelnen „kleinen Welten“ erfolgen, denn Beruf, Privatleben und Freizeitgestaltung passieren i.d.R. an verschiedenen Standorten und zu unterschiedlichen Zeiten. Hierzu sind u.a. Detailinformationen hinsichtlich Timing, Routenplanung, Treffpunkte, etc. erforderlich.

So oder so, die anfänglichen Hürden sind nun im Wesentlichen genommen. Peau-a-peau kehrt eine gewisse Routine in den Tagesablauf ein und damit auch ein tieferes Eindringen in das neue gesellschaftliche Umfeld. Der begonnene Sprachkurs (falls das nicht schon längst passiert ist) trägt die ersten Früchte und aus dem anfänglichen „Hallo“ zum Nachbarn rüber entsteht nach und nach mehr. Jetzt beginnt für Sie die eigentliche Phase der Integration (rekapitulieren Sie dazu auch noch einmal all das, was Sie bereits im Kapitel 3 zum Punkt ´Integration´ lesen konnten). Zunehmend vermittelt Ihnen die Kombination aus Beobachtung und sprachlichem Kontakt ein Verständnis für die Mentalität um Sie herum. Unterschätzen Sie das auf gar keinen Fall! Sich selbst in der neuen sozialen und kulturellen Umgebung so schnell als möglich für das richtige (!) Verhalten im richtigen (!) Moment zu sensibilisieren, kann mitunter ganz schnell „Türen öffnen“ und zwar in *allen* Lebensbereichen!

„I DID IT !" – „Ich habe es GESCHAFFT !" – „Ich bin ANGEKOMMEN !“

Sie strahlen eine Ruhe und Gelassenheit aus, die Sie *so* wohl noch niemals zuvor empfunden haben. Es ist ein Gefühl von Stolz und Zufriedenheit im besten Sinne einer Bestätigung Ihrer ´Option Ausland´. Es ist eine durch jede Faser Ihres Körpers gehende Freude, die aus einer tiefen inneren Erleichterung entsteht. Es ist Ihr befreiter, hellwacher Verstand, der aus all dem Wunderbaren um Sie herum mit leiser Stimme zu Ihnen spricht und Sie daran erinnert, dass Sie den Mut aufgebracht haben, auch *wirklich loszugehen.....*!

Leben Sie Ihren Traum

–

Sie sind mittendrin !

Herzlichst,

Reinhard Porr & Markus Dillenburg